Brendan Brazier

Vegan in Topform

Das Energie-Kochbuch

Brendan Brazier

Vegan in Topform

Das Energie-Kochbuch

150 pflanzliche Rezepte für optimale
Leistung und Gesundheit

Unimedica

Impressum

Brendan Brazier
Vegan in Topform – Das Energie-Kochbuch
150 pflanzliche Rezepte für optimale Leistung und Gesundheit
1. deutsche Ausgabe 2015
ISBN 978-3-944125-38-1
© 2015, Narayana Verlag GmbH

1. englische Ausgabe 2014
Thrive Energy Cookbook
150 Plant-Based Whole Food Recipes
© 2014 by Brendan Brazier c/o SEVENTH AVENUE LITERARY AGENCY, South Surrey (BC), Canada

Übersetzung aus dem Englischen: Irmela Erckenbrecht
Satz: Karin Jerg, Staufen
Foodfotos von Kevin Clark, alle weiteren Fotos © Brendan Brazier

Herausgeber:
Unimedica im Narayana Verlag GmbH, Blumenplatz 2, 79400 Kandern
Tel.: +49 7626 974 970-0
E-mail: info@unimedica.de
www.unimedica.de

Für meine Großmutter, Helen Brazier,
die mit gutem Beispiel voran ging.

Hier 1942 beim Radeln über die
Lions Gate Bridge in Vancouver.

Inhalt

Sandwiches, Wraps & Burger   101

Suppen

Salate & Dressings

Reis- & Nudelgerichte   161

Smoothies, frische Säfte & warme Drinks   171

Desserts 229

Thrive Sport Rezepte 259

Mein Weg –
Rein pflanzliche Ernährung mit Ziel und Absicht

Hier eine kurze Übersicht über die Grundsätze einer gesundheitsfördernden, rein pflanzlichen Ernährung, wie ich sie in meinem ersten Buch, **Vegan in Topform**, vorgestellt habe. Alle, die bereits diesen Grundsätzen folgen, möchte ich damit noch einmal auf den aktuellen Stand bringen. Und allen, die sich bisher noch ganz traditionell ernähren, sich aber gern umstellen – oder ihre schon recht gesunde Ernährung weiter optimieren – möchten, kann dieser Abschnitt als Einführung in die Thrive-Philosophie dienen. Die darauf basierende Ernährung ist rein pflanzlich, vollwertig, basenbildend sowie möglichst klimaneutral und punktet mit einem hohen Energiegewinn. Sollten Sie ein weitergehendes Interesse an diesen Themen haben, empfehle ich Ihnen den Band **Vegan in Topform**, der dies alles im Detail erklärt.

Als ich mit 15 Jahren begann, für den Triathlon zu trainieren, musste ich Hunderttausende von Schwimmstößen, Radumdrehungen und Laufschritten hinter mich bringen, ehe ich auch nur daran denken konnte, den Ironman in Angriff zu nehmen. Mental gab ich mir damals keine besondere Mühe – ich ging einfach hin, fuhr Rad, schwamm und lief. Meine zugegebenermaßen naive Herangehensweise war manchmal etwas chaotisch, aber sie funktionierte ganz gut: Ich wurde kontinuierlich besser. Und doch fiel mir im Laufe der Jahre auf, dass ich mich immer langsamer steigerte. Mir wurde klar: Ich musste mein Training stärker an dem ausrichten, was ich erreichen wollte. Das Training musste zielgerichtet sein.

Damals beschloss ich, ein systematisches Trainingsprogramm aufzustellen. Ich ging das Training mit mehr Klarheit und Entschlossenheit an – und zwar jede einzelne Einheit. Jede Übung bekam ein bestimmtes Ziel im Hinblick auf das, was meinen Einsatz betraf, aber auch auf das, was dabei herauskommen sollte. Tatsächlich wurde ich für meine Mühe belohnt und sah sowohl schnellere als auch dauerhaftere Fortschritte. Für mich war das der Durchbruch. Mir wurde klar, dass erst meine klare Zielgerichtetheit die von mir eingesetzte Energie in deutlich sichtbare Erfolge ummünzte und mich fitter machte, als ich es je zu träumen gewagt hätte.

Bald fing ich an, andere Aspekte meines Trainingsprogramms mit der gleichen Akribie unter die Lupe zu nehmen. Gab es auch hier diese Erfolg versprechende Zielgerichtetheit? Ich musste zugeben: nein. Und mir wurde klar vor Augen geführt, dass dies bei der Entfaltung meines Potenzials direkte Einbußen nach sich zog.

Mit der neu gewonnenen Zielgerichtetheit schaute ich mir nun auch an, was ich aß. Wie wirkte sich meine Ernährung auf mein Trainingspensum aus? Ging ich wirklich achtsam mit meinem Körper um? Was wollte ich eigentlich erreichen, wenn ich ein bestimmtes Lebensmittel aß? Wollte ich mehr Energie gewinnen? Wollte ich Entzündungen hemmen? Wollte ich die Erholungszeit nach dem Training verkürzen? Wie wirkte sich das, was ich aß, auf den Tiefschlaf aus? Konnten dabei überhaupt schlanke, kräftige Muskeln entstehen? Ich stellte fest, dass ich gar nicht so recht wusste, warum ich dieses oder jenes aß (außer dass ich natürlich Hunger verspürte). Was, fragte ich mich, soll mir ein bestimmtes Lebensmittel letztlich bringen? Und ist es das, was ich tatsächlich im Moment brauche? Vielleicht gibt es bessere Möglichkeiten, die mir größere Erfolge und schnellere Fortschritte bringen können?

So gibt es zum Beispiel bestimmte Lebensmittel, die sich als besonders gute Energielieferanten vor einem Workout eignen, andere dagegen dienen eher der Regeneration der im Training verbrauchten Kräfte. Den Unterschied zu kennen (und sich an die gewonnenen Erkenntnisse zu halten) kann in der Welt des starken sportlichen Wettbewerbs über Erfolg und Misserfolg entscheiden. Aus diesem Grund habe ich diesem Band ein Kapitel mit sportspezifischen Rezepten beigefügt. Es soll zeigen, wie eine durchdachte Ernährung das Training optimal vor- und nachbereiten kann.

Eine zielgerichtete, achtsame Ernährung wurde so zu einem integralen Bestandteil meines Trainingsprogramms – und meines gesamten Lebens! Und wie beim zielgerichteten Training stellten sich auch hier rasch weitere Erfolge ein. Gleichzeitig erfuhr nahezu jeder Aspekt meines Lebens eine positive Wendung. Mein Schlaf besserte sich, mein Denken wurde klarer, meine Stressbewältigung klappte zuverlässiger, mein Immunsystem erwies sich als widerstandsfähiger – kurz, ich erlebte eine umfassende und ganzheitliche Verbesserung meines Lebens.

Alle Rezepte, die auf der Thrive-Methode basieren, wurden mit Blick auf ein bestimmtes Ziel zusammengestellt. Was sie bewirken, ist bewusst gewollt. Sie sind zielgerichtet, weil sie die Ernährungsbausteine liefern, die für eine gewünschte – körperliche wie mentale – Leistung nötig sind. Sich bewusst zu ernähren, zahlt sich dadurch immer aus. Für mich war die positive Wirkung immens.

So wie ich damals wissen viele Menschen anfangs nicht, welche Lebensmittel sie essen sollen, wie sie diese am besten kombinieren können und wann man bestimmte Dinge am günstigsten zu sich nimmt. Zum Glück ist es aber gar nicht so kompliziert, wie es sich vielleicht anhören mag. Die einfache Grundregel lautet: Essen Sie stets pflanzliche, vollwertige Lebensmittel. Das ist das ganze Geheimnis. Wenn Sie über diese Regel hinaus noch den einen oder anderen Trick oder Kniff anwenden, kann Ihre Ernährung Ihnen zu ungeahnten Erfolgen verhelfen.

Um bewusste und sachlich fundierte Entscheidungen zum Thema Ernährung treffen zu können, halte ich mich an drei grundsätzliche Regeln, die den Kern der Thrive-Philosophie bilden:

- Eine Ernährung mit hohem Energiegewinn
- Basenbildende Lebensmittel
- Möglichst neutrale Klimakosten

Kaufen Sie nur Lebensmittel mit positiver Energiebilanz: Mit minimalen Investitionen erzielen Sie so einen maximalen Ertrag

Lebensmittel mit positiver Energiebilanz – beispielsweise grüne Blattgemüse oder buntes Obst – liefern deutlich mehr Energie, als ihr Verzehr kostet. Was heißt das? Unser Verdauungssystem verbraucht viel Energie. Sobald wir den ersten Bissen zu uns nehmen, verbrauchen wir schon Verdauungsenergie, um die in den Lebensmitteln gespeicherte Energie (bekannt als „Kalorien") in verwertbare, den Körper erhaltende Substanzen umzusetzen. Und überall, wo Energie von einer Form in eine andere überführt wird, kommt es zwangsläufig zu Verlusten. Wie groß diese Verluste im Einzelfall sind, hängt jedoch entscheidend von den von uns gewählten Lebensmitteln ab.

Stark verarbeitete, raffinierte, denaturierte Lebensmittel benötigen erheblich mehr Verdauungsenergie, um in ihre Bestandteile zerlegt und vom Körper verwertet werden zu können.

Positive Energiebilanz = Nach der Verdauung bleibt noch Energie übrig

Kalorien beziffern die in Lebensmitteln vorhandene Energie. Werden mehr Kalorien gegessen, bleibt am Ende des Verdauungsprozesses aber nicht automatisch mehr Energie für den Körper übrig. Wäre das der Fall, müssten Menschen, die sich ausschließlich von Fast-Food und anderen hochkalorischen Lebensmitteln ernähren, wahre Energiebündel sein. Dem ist aber nicht so! Auch hier zeigt sich, dass der Körper beim Verzehr bestimmter Lebensmittel viel mehr Energie zur Verdauung verbraucht als bei anderen. (Verdauen macht nicht zufällig müde. Man braucht sich daher nicht zu wundern, dass in Kulturen, in denen mittags viel und schwer gegessen wird, üblicherweise eine ausgiebige Siesta folgt.)

„Je weniger Energie Sie fürs Verdauen verwenden, desto mehr Energie bleibt für Sie."

Das andere Ende des Spektrums bilden all die echten, unverarbeiteten, vollwertigen Lebensmittel, für deren Verdauung viel weniger Energie benötigt wird. So gesehen entsteht ein Netto-Energiegewinn, wenn wir natürliche Lebensmittel verzehren, und zwar auch dann, wenn sie weniger Kalorien haben.

Als ich dies einmal kapiert hatte, fing ich an, meine Ernährung anders zu sehen, und zwar als Investition, nicht als Konsum. Mein Ziel bestand nun darin, so wenig Verdauungsenergie wie möglich zu „investieren", um mir gleichzeitig so viele Nährstoffe wie möglich als „Rendite" gutschreiben zu können. Ich begann, all die Lebensmittel, die wenig Verdauungsenergie benötigen, jedoch eine hohe Nährstoffausbeute ermöglichen, als Lebensmittel mit positiver Energiebilanz zu bezeichnen.

Positive Energiebilanz = Weniger verbrauchte Verdauungsenergie, größere Nährstoffausbeute

Aus diesem Grund plädiere ich dafür, sämtliche Kohlenhydrate aus verarbeiteten und raffinierten Quellen (zum Beispiel aus Nudeln und Brot) zu streichen und durch Kohlenhydrate aus Früchten und Pseudogetreiden zu ersetzen. Beide enthalten nämlich Kohlenhydrate in besonders gut verfügbarer Form, die sich erheblich leichter verdauen lassen als beispielsweise raffiniertes Getreidemehl. Zudem ermöglichen sie eine höhere Ausbeute an Mikronährstoffen als jede verarbeitete, raffinierte Kohlenhydratquelle.

Basenbildende Nahrungsmittel

Der Säure- bzw. Basengehalt wird mithilfe des pH-Wertes gemessen. Ein ausgewogener pH-Wert im Körper ist eine wichtige Voraussetzung dafür, gesund zu werden und gesund zu bleiben. Sinkt der pH-Wert, wird der Körper sauer, was die Zellen schädigen kann. Menschen mit niedrigem pH-Wert neigen zu gesundheitlichen Problemen, Müdigkeit und Erschöpfung.

Sauer wird der Körper hauptsächlich durch Ernährung, aber auch durch Stress. Zwar ist der Körper in der Lage, Schwankungen abzupuffern und den pH-Wert im Blut unabhängig von Ernährung oder Stress einigermaßen stabil zu halten, doch muss er dafür Kräfte mobilisieren, die wiederum Energie verbrauchen, was zu Überlastung führen kann. Auf lange Sicht verursacht diese Art von „Pufferung" einen nicht unerheblichen Stress im Körper. Das Resultat: Das Immunsystem wird strapaziert, für Erkrankungen und Störungen öffnen sich Tür und Tor.

So kann ein niedriger pH-Wert im Körper zum Beispiel zur Bildung von Nierensteinen oder zum Verlust von Knochenmasse und einer verminderten Freisetzung von Wachstumshormonen führen. Dieser Hormonrückgang wiederum kann mit einer Rückbildung der Muskelmasse und einer Zunahme des Körperfetts verbunden sein. Hier zeigt sich: Der übermäßige Konsum von „sauren" Lebensmitteln spielt bei der Entstehung heute weit verbreiteter Gesundheitsprobleme eine nicht unerhebliche Rolle. Andererseits sind nicht nur die Lebensmittel an dieser Misere schuld – auch Medikamente, Süßstoffe und synthetische Vitamin und Mineralstoffpräparate können zu einer Übersäuerung beitragen.

Ein niedriger pH-Wert befördert außerdem die Entstehung zellschädigender „freier Radikale" und mindert die Produktion von Zellenenergie. Freie Radikale sind dafür bekannt, dass sie Zellmembranen verändern und damit unsere DNA schädigen können.

Wie lässt sich alldem vorbeugen? Die Antwort liegt ganz klar darin, mehr basen- und weniger säurebildende Nahrungsmittel zu uns zu nehmen. Mineralien sind besonders basenbildend, ebenso haben Lebensmittel mit einer hohen Dichte an Mikronährstoffen basenbildende Auswirkungen.

Ein weiterer Faktor, der wesentlich zur Erhöhung des pH-Wertes unserer Lebensmittel (und damit unseres gesamten Körpers) beitragen kann, ist der Anteil an Chlorophyll. Chlorophyll sorgt für die grüne Farbe der Pflanzen; manche bezeichnen es gar als „Pflanzenblut". Botanisch entspricht Chlorophyll dem Hämoglobin in unserem Blut. Chlorophyll ist für die Erzeugung der Energie zuständig: Es verwandelt die von der Pflanze aufgenommene Sonnenenergie in Kohlenhydrate. Dieser als „Fotosynthese" bekannte Vorgang ist die Voraussetzung für das Leben auf unserer Erde. Tiere (und damit auch Menschen) essen Pflanzen und beziehen so ihre Energie indirekt ebenfalls von der Sonne, wenn auch über den Umweg der Pflanzen. Chlorophyll wird besonders dafür geschätzt, unseren Körper von all den schlechten Giften zu reinigen, die wir mit dem Essen und aus der Umwelt aufgenommen haben. Chlorophyll ist aber auch mit der Produktion roter Blutkörperchen verbunden. All das macht die tägliche Aufnahme von chlorophyllreichen Lebensmitteln für die Regeneration unserer Zellen sowie den gesunden Transport von Sauerstoff im Körper unabdingbar. Nur mit ausreichend Chlorophyll können wir unsere Energievorräte aufrechterhalten. Daraus erklärt sich auch die enge Verbindung zwischen Chlorophyll und sportlichen Hochleistungen.

Lebensmittel mit positiver Energiebilanz und ihre Auswirkungen auf den pH-Wert

Lebensmittel	Stark basenbildend	Basenbildend	Neutral	Leicht säurebildend
Gemüse	Blumenkohl Brokkoli Chicorée Dill Erbsen Grünes Blattgemüse Grüne Bohnen Gurke Lauch Möhren Paprika Pastinaken Petersilie Rotalge Rote Bete Seetang Sellerie Spargel Sprossen Zucchini Zwiebeln	Kürbis Süßkartoffeln Yamswurzel		
Pseudogetreide		Amaranth Buchweizen Hirse Quinoa Wildreis		
Hülsenfrüchte				Adzukibohnen Kichererbsen Linsen Schwarzaugen- bohnen Schwarze Bohnen
Samen		Sesamsamen	Hanf Leinsamen Weiße Chiasamen	Kürbiskerne Sonnenblumen- kerne

Lebensmittel mit positiver Energiebilanz und ihre Auswirkungen auf den pH-Wert

Lebensmittel	Stark basenbildend	Basenbildend	Neutral	Leicht säurebildend
Obst	Grapefruit Limetten Mangos Melonen (die meisten Sorten) Papayas Zitronen	Ananas Äpfel Avocados Bananen Beeren (die meisten Sorten) Birnen Cantaloupe- Melonen Datteln Feigen Granatäpfel Khakifrüchte Kirschen Nektarinen Orangen Pfirsiche Trauben		
Öle		Hanföl Kürbiskernöl Leinöl	Kokosnussöl	
Nüsse		Kokosnüsse Mandeln	Macadamia Walnüsse	
Getreide				Brauner Reis Dinkel Hafer
Mehle			Amaranth Buchweizen Quinoa	
Süßstoffe	Stevia		Agavendicksaft Kokosnussnektar	
Sonstiges	Frische Kräuter Grüner Tee Ingwer Matetee Rooibos	Apfelessig Balsamessig Knoblauch	Getrocknete Kräuter Gewürze aller Art Misopaste	

Energieloch vermeiden: Energie durch Nahrung gewinnen

Den Begriff „Energieloch" verwende ich, um den bedauerlichen Zustand der Energielosigkeit zu bezeichnen, in dem sich viele Menschen in unseren westlichen Gesellschaften befinden. Oft führen sie diesen Zustand selbst herbei, indem sie raffinierten Zucker oder Kaffee in großen Mengen zu sich nehmen, um sich einen kurzfristigen Energiekick zu verschaffen – nur um erleben zu müssen, dass ihr Energiepegel bald darauf erneut absackt.

Meiner Erfahrung nach gibt es zwei Arten von Energie: eine, die durch körperliche Stimulation, und eine, die aus der Nahrung gewonnen wird. Die beiden könnten nicht unterschiedlicher sein! Stimulation führt zu einem nur kurzfristigen Energieschub, der vor allem die Symptome der Erschöpfung bekämpfen soll. Wer sich gut ernährt, verspürt dagegen gar nicht erst das Bedürfnis, sich aufzuputschen: Der Körper stellt jedem, der bedarfsdeckend isst, einen kontinuierlichen und völlig ausreichenden Energiefluss zur Verfügung. Eine vernünftige Ernährung ist also eine Art präventive Verteidigung gegen Müdigkeit und ständiges Verlangen nach Stimulation. Nimmt man vollwertige, nährstoffreiche Lebensmittel zu sich, kann ein „Energieloch" gar nicht erst entstehen.

Je stärker ein Lebensmittel verarbeitet ist (und dabei an Nährwerten eingebüßt hat), desto stimulierender wirkt es auf das menschliche Nervensystem. Dazu kommt dann noch das Koffein – für viele die zweitliebste Droge nach dem raffinierten Zucker. Durch den Stimulationseffekt liefern verarbeitete Lebensmittel und koffeinhaltige Getränke fast sofort Energie. Innerhalb

von wenigen Stunden ist der Energieschub aber auch schon wieder vorbei. Im Grunde bieten sie also nur einen sehr kurzfristigen Ausweg aus dem Energietief. Der Vorgang gleicht dem Shoppen mit Kreditkarte: Mag der Genuss auch noch so schnell eintreten, später wird garantiert die Rechnung präsentiert, und zwar mit Zinsen und Zinseszinsen in Form von erneuter Müdigkeit und Erschöpfung. Es ist ein Teufelskreis.

Um gegen die zweite Ermüdungswelle anzukämpfen, setzen wir nämlich allzu oft auf die nächste Stimulation, die wiederum die Präsentation der Rechnung nur weiter hinausschiebt. Je weiter wir jedoch die Bilanz vor uns herschieben, desto größer wird unser Schuldenstand sein. Um bei dem Bild mit der Kreditkarte zu bleiben: Wer auf weitere Energieschübe durch Stimulation setzt, zahlt die Schulden der einen Kreditkarte mit einer zweiten ab. Derweil steigen die Zinsen auf unserem unausgeglichenen Konto ins Unermessliche.

Stimulation als Ersatz für echte Nahrung hat aber noch einen weiteren entscheidenden Nachteil: Die Nebennieren werden angeregt, erhebliche Mengen des Stresshormons Cortisol zu produzieren. Ein erhöhter Cortisolspiegel wiederum wird oft mit entzündlichen Prozessen in Verbindung gebracht, eine Tatsache, die jede Sportlerin und jeden Sportler alarmieren müsste – ebenso natürlich wie alle anderen Menschen, denen an ihrer Gesundheit liegt. Viel Cortisol schwächt außerdem das Zellgewebe, schädigt das Immunsystem, erhöht unsere Anfälligkeit für Krankheiten, lässt Gewebe degenerieren, führt zu schlechtem Schlaf und fördert das Ansetzen von Körperfett. Und als wäre das noch nicht genug, setzt ein hoher Cortisolspiegel im Körper die positiven Auswirkungen sportlicher Aktivitäten schlicht außer Kraft – das heißt: Alles, was wir körperlich tun, um das Cortisol in Schach zu halten, wird durch den ernährungsbedingt hohen Cortisolspiegel wieder zunichte gemacht! Viel Cortisol kann sogar dazu führen, dass die „guten", Muskelmasse bildenden Hormone in ihrer Funktion behindert werden. Die Muskeln lassen sich nicht wie gewohnt aufbauen, sondern werden im Gegenteil eher abgebaut.

Vor diesem Hintergrund kann nicht überraschen, dass die dauerhafte Überstimulation unseres gestressten Körpers alles nur noch schlimmer macht – und vor allem einer wirklichen Lösung für das Problem der Dauer-Erschöpfung im Wege steht. Die Stresssymptome nehmen zu, während unser Gesundheitszustand im selben Maße Einbußen erleidet. Wir liefern uns der Gefahr einer ernsthaften Erkrankung aus.

Die häufigsten Symptome der körperlichen Erschöpfung sind gestiegene Essgelüste nach stärkehaltigen, raffinierten Lebensmitteln, die in regelrechten Essattacken münden können; außerdem schlechter Schlaf, schlechte Laune, mentale Verwirrung, Lustlosigkeit, Gewichtszunahme, Muskelschwund, vorschnelle Alterung und allgemeine Anfälligkeit für Krankheiten aller Art. Setzt sich dieser Teufelskreis eines chronisch erhöhten Cortisolspiegels fort, können Gewebedegeneration, Depression, chronische Erschöpfung oder gar schlimme Krankheiten wie Krebs die Folge sein.

Nehmen wir dagegen dauerhaft nährstoffreiche, vollwertige Lebensmittel zu uns, anstatt auf den kurzfristigen Kick durch Stimulanzien zu setzen, werden die Nebennieren nicht überstimuliert. Zudem erhöht sich durch den Verzehr der vielen Nährstoffe die verfügbare Energie in unserem Körper entsprechend. Die aus guter Quelle gewonnene Energie belastet die Nebennieren nicht, wirkt nachhaltig und muss nicht ständig neu angeheizt werden. Ein wichtiges Merkmal von Gesundheit liegt in einem reichlich vorhandenen, natürlichen Energievorrat, der nicht auf die Stimulation der Nebennieren angewiesen ist. Natürlich gesunde Menschen verfügen über nahezu unendlich viel Energie und brauchen keine Stimulanzien wie Koffein und raffinierten Zucker.

„Die aus guter Quelle gewonnene Energie belastet die Nebennieren nicht, wirkt nachhaltig und muss nicht ständig neu angeheizt werden."

Eine wichtige Säule meiner Ernährungsphilosophie besteht im Ende der Abhängigkeit von der Stimulation der Nebennieren. Dieses Ziel lässt sich nur dadurch erreichen, dass wir uns komplett – also nicht bloß „zur Ergänzung" nebenbei – auf den Verzehr nährstoffreicher, vollwertiger Lebensmittel umstellen. Eine solche Herangehensweise – zusammen mit allen anderen damit einhergehenden Vorteilen wie gutem Schlaf und reduziertem Stresspegel – packt das Problem an der Wurzel an und behandelt nicht bloß die Symptome einer unzureichenden Ernährung.

Es folgt eine grobe Übersicht darüber, wie vollwertige Lebensmitteln sich am besten zu einer rundum gelungenen Ernährung im Sinne der Thrive-Philosophie zusammenstellen lassen.

STÄRKEHALTIGE
LEBENSMITTEL
UND GETREIDE

5%

Brauner Reis,
Kartoffeln,
Kürbis

FETTE

10%

Nüsse, Avocados,
unraffinierte Öle

Hülsenfrüchte, Samen,
Pseudogetreide

PROTEINE
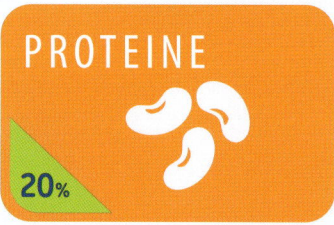
20%

FRÜCHTE

20%

Beeren, Weintrauben,
Orangen, Bananen

BALLASTSTOFFREICHES GEMÜSE

45%

Mangold, Möhren,
Blattgemüse, Zucchini

Das Thrive-Energielabor

Vor etwa fünf Jahren erhielt ich eine E-Mail von einem gewissen Jonnie Karan aus Waterloo, Kanada. In bewegenden, aufrüttelnden Worten erzählte er mir von seiner ganz persönlichen Auseinandersetzung mit einer tückischen Krankheit. Er berichtete, dass er nicht nur die Krankheit überwunden habe und mittlerweile vor Energie strotze, sondern dass es ihm jetzt regelrecht „blendend" gehe. Seine Erklärung: Mein Buch **Vegan in Topform** habe ihm bei der Einschätzung und Auswahl guter Lebensmittel entscheidend geholfen. Heute würde er sich komplett anders ernähren als früher, was seiner Ansicht nach zu seiner geradezu wunderhaften Genesung geführt habe. Nun wolle er mich unbedingt persönlich kennenlernen – warum, verriet er mir nicht, aber es sei wichtig, sehr wichtig. Ich rief ihn an.

Mit einer so zittrigen Stimme, als hätte er seit Tagen nicht mehr gesprochen, erzählte er mir: „Sie können sich gar nicht vorstellen, wie sehr Ihr Buch mein Leben verändert hat. Ich bin gelernter Koch und dachte, ich wüsste längst alles über Lebensmittel. Inzwischen habe ich aus Ihrem Buch aber unendlich viel dazugelernt und ich würde mich regelrecht schuldig fühlen, wenn ich all diese Erkenntnisse für mich behielte. Also habe ich ein Lokal eröffnet – und es „Thrive Juicebar" genannt." Er hielt einen Moment lang inne. „Ich habe es Ihnen zu Ehren gemacht, wegen der außerordentlichen Wirkung, die Ihr Buch auf mein Leben hatte. Ich hoffe, Sie können damit leben. Wollen Sie es sehen? Ich würde es Ihnen gerne zeigen. Ich denke, Sie wären sogar stolz."

Wow! Natürlich war ich überaus erfreut zu hören, dass meine Ausführungen über eine rein pflanzliche Ernährung auf Jonnie eine solche Wirkung gezeigt hatten. Dass er aber deshalb gleich ein Lokal aufgemacht hatte, damit auch andere davon profitieren konnten, das haute mich regelrecht um. Diesen Mann wollte ich unbedingt kennenlernen.

Ich flog also einmal quer durch die USA, um Jonnie zu treffen, der mir die tollsten Köstlichkeiten servierte. „Jonnie's Thrive Juicebar" stimmte mit meiner Vision absolut überein. Als ich dann probierte, was er dort zubereitete, war ich in gewisser Weise fast schockiert – so breit, so tief und zugleich so innovativ hatte er die Grundprinzipien der „Thrive-Philosophie" in die Tat umgesetzt. Geschmack und Konsistenz seiner Kreationen waren schlicht superb. Meine Rezepte sind ja nie zufällig entstanden, sondern basieren immer auf einer konkreten Idee und dienen einem bestimmten Ziel, Jonnie aber hatte darüber hinaus sein gesamtes kulinarisches Können eingebracht, um daraus etwas ganz Besonderes zu machen. Ganz nebenbei hatte er außerdem einige der weltbesten Veggie-Smoothies kreiert. Seine „Thrive Juicebar" war ein gelungenes Beispiel für die Verschmelzung von zielgerichteter Ernährung und echter Kochkunst.

Mehr hatte es nicht gebraucht: Jonnie und ich wurden auf der Stelle Partner. Zusammen mit anderen begründeten wir das sogenannte „Thrive Energy Lab". Das ganze Team glaubt fest daran, dass neben der nötigen Aufklärung auch die simple Verfügbarkeit gesunder Lebensmittel eine entscheidende Rolle spielt. Der Vorsatz, sich gut und richtig zu ernähren, darf nicht an unüberwindbaren Hürden scheitern. Wir machten es uns zur Aufgabe, allen Menschen die Möglichkeit zu geben, bewusst und zielgerichtet einzukaufen. Das war gleich von vornherein unsere gemeinsame Vision und wir nahmen uns vor, diese Vision durch die Eröffnung weiterer „Thrive Energy Lab"-Lokale in Kanada und später auch in den USA zu untermauern. Aus dieser Überlegung heraus schrieb ich schließlich auch dieses Kochbuch, damit auch wirklich jede(r) von den Vorzügen einer zielgerichteten, rein pflanzlichen Ernährung profitieren kann.

Das Kochbuch

Auf Sie warten insgesamt 150 verschiedene Rezepte, die von Expertinnen und Experten auf der Basis der Thrive-Philosophie kreiert und anschließend ausführlich im „Thrive Energy Lab" ausprobiert und getestet wurden. Die kreative Kombination gesundheitsfördernder, ökologisch unbedenklicher, rein pflanzlicher Zutaten führte zu köstlichen Rezepten, die als Grundlage für ein gesundes und sportliches Leben dienen können. Manche davon sind recht einfach und können im Nu zu Hause nachgekocht werden, andere dagegen erfordern etwas mehr Zeit und Einsatz, auch wenn ihre Zubereitung hoffentlich immer Spaß macht. Der wunderbare Geschmack und die überragenden gesundheitlichen Vorteile dieser Rezepte rechtfertigen meiner Ansicht nach den Aufwand allemal.

In wenigen Minuten ganz unkompliziert zubereitet sind zum Beispiel die nahrhaften Smoothies oder das „Frühstück to go" (Seite 64) aus Bagel, Tomaten, Avocado und Sprossen. Etwas länger dauert der selbst gemachte Cheddarkäse aus Cashewkernen (Seite 44), da er Zeit zum Reifen braucht. Die allermeisten Zutaten bekommen Sie im gut sortierten Supermarkt, darunter zum Beispiel auch Quinoa und rein pflanzliche „Milch"- und „Käse"-Produkte. Wo immer möglich, habe ich zwar Alternativen erwähnt, im Bedarfsfall sollten Sie es aber immer erst im lokalen Bioladen probieren. Manches lässt sich auch online besorgen.

Die Rezepte

Die Rezepte in diesem Kochbuch sind grundsätzlich „funktional", das heißt, sie sind an einem Ziel orientiert und jede Zutat erfüllt einen ganz bestimmten Zweck. Das ist ein ganz wichtiger Punkt. Es sind aber auch einige Rezepte für den sogenannten Übergang dabei, die all denjenigen Leserinnen und Lesern, die erst dabei sind, ihre Ernährungsgewohnheiten umzustellen, den Einstieg erleichtern sollen. Diese Übergangsrezepte enthalten zum einen mehr traditionelle Lebensmittel, zum Beispiel Rohrzucker statt pürierte Datteln als Süßungsmittel. Der Umstieg auf rundum gesunde Zutaten dauert eben seine Zeit – was

völlig in Ordnung ist, denn diese Zeit kommt uns für die Herausbildung neuer Gewohnheiten bestens zustatten. Für den Start sind die Rezepte deshalb ideal.

Vielleicht fällt Ihnen auf, dass ich in den Rezepten nicht ausdrücklich Bio-Zutaten verlange. Der Grund dafür ist einfach: Hat man die Wahl, sollte man möglichst **alle** Zutaten aus kontrolliert-biologischer Produktion wählen. Bei ihrer Gewinnung dürfen weder synthetische Dünger noch Herbizide oder Pestizide verwendet werden und sie dürfen auch nicht genmanipuliert sein.

Bei den Rezepten, in denen Medjool-Datteln aufgeführt sind, können Sie, wenn nicht anders angegeben, wahlweise getrocknete oder frische Datteln verwenden.

In Rezepten, die Nussmilch (z. B. Mandelmilch) vorsehen, können Sie bei allergischer Empfindlichkeit gegen Nüsse selbstverständlich auch auf Reismilch zurückgreifen. Kommt als Zutat „gefiltertes Wasser" vor, können Sie auch ein stilles Mineralwasser nehmen.

Hier nun einige Icons, die ich immer dann verwende, wenn ich etwas zum gesundheitlichen oder ernährungstechnischen Hintergrund eines Rezepts signalisieren will:

 Übergang

Damit sind all die Rezepte gekennzeichnet, die sich an Menschen richten, die sich bisher eher traditionell ernährt haben. Sie dienen also dem Übergang zur Thrive-Ernährung. Geschmacklich liegen diese Rezepte irgendwo zwischen der eher „normalen", traditionellen und einer neuen, gesünderen Variante. So lässt sich der Weg hin zur gesünderen Ernährung ganz in Ruhe und ohne abrupte Zäsur bewerkstelligen. Da dieser Übergang als allmähliche Veränderung von Essgewohnheiten gedacht ist, steigen die Chancen, dass der Wandel langfristig tatsächlich in den Alltag integriert und nicht als vorübergehende Abweichung vom Gewohnten betrachtet wird. Ist Ihnen die rein pflanzliche Vollwerternährung bereits geläufig und in Ihrem Leben fest angekommen, können Sie diese Rezepte getrost überspringen.

 Roh

Bei diesen Rezepten dürfen weder die einzelnen Bestandteile noch das Gericht als Ganzes auf mehr als 48 °C erhitzt werden, weil sie andernfalls nicht mehr als Rohkost gelten. Wer diese Regeln beachtet, sorgt dafür, dass die natürlichen Enzyme bei der Zubereitung erhalten bleiben. Rohkost sollte daher stets Teil des täglichen Ernährungsplans sein. Das kann im einfachsten Fall mit einem Stück Obst oder Gemüse geschehen – oder auch einer etwas komplizierteren Zubereitung bedürfen, zum Beispiel bei rohen Desserts.

 Glutenfrei

Gluten ist ein in Weizen und anderen Getreidesorten vorkommendes Protein. Es ist nicht an sich schädlich, wird aber von manchen Menschen nicht vertragen, die dann Verdauungsprobleme bekommen. Wer unter Zöliakie leidet, muss Gluten gänzlich aus seiner Ernährung streichen.

 Proteinreich

Wer auf eine pflanzliche Ernährung umsteigt, fürchtet anfangs eventuell, zu wenig Protein zu bekommen. Ein echter Proteinmangel ist jedoch bei einer pflanzlichen, vollwertigen Ernährung so gut wie nie ein Problem. Rezepte mit diesem Icon sind in jedem Fall besonders proteinreich.

SND Super-Nährstoffdichte

Grundsätzlich haben alle Rezepte in diesem Buch von Haus aus eine hohe Nährstoffdichte, manche darunter schneiden in dieser Hinsicht aber ganz besonders gut ab. Die Nährstoffdichte ist im Grunde nichts weiter als eine mathematische Größe, die das Verhältnis zwischen der Anzahl der Kalorien und der Menge der enthaltenen Mikronährstoffe (Vitamine, Mineralien, Antioxidantien, Pflanzenwirkstoffe) beschreibt. Ziel ist es, bei einer kleinen Anzahl von Kalorien so viele Nährstoffe wie möglich zu sich zu nehmen. Je höher die Dichte dieser Nährstoffe, desto sättigender ist das Lebensmittel, und das bei niedriger Kalorienzahl. Wollen Sie schlank werden oder schlank bleiben, sollten Sie auf jeden Fall nährstoffdichte Lebensmittel bevorzugen.

Die Thrive-Vorratskammer

Die Grundnahrungsmittel für die meisten Lebensmittel in diesem Buch finden Sie in der Thrive-Pyramide auf S. 14.

Auch wenn nicht alle dafür erforderlichen Nahrungsmittel in der herkömmlichen Ernährung westlicher Länder eine Rolle spielen, sind doch die meisten davon in gut sortierten Lebensmittelläden, in jedem Fall aber im Naturkosthandel erhältlich.

Gemüse

Ballaststoffreiches Gemüse

Ballaststoffreiche Gemüsesorten bilden das tragfähige Fundament der Thrive-Pyramide und sollten die Basis einer jeden vollwertigen Ernährung sein. Dazu gehören:

- Daikon-Rettich
- Grüne Bohnen
- Gurken
- Kürbis
- Möhren
- Pak Choi
- Rosenkohl
- Rote Bete
- Sellerie
- Spargel
- Tomaten
- Wasserkresse
- Zucchini
- Zuckererbsen
- Zuckerschoten
- Zwiebeln

Blattgemüse

Dunkelgrünes Blattgemüse hat eine hohe Nährstoffdichte und ist eine gute Quelle für Chlorophyll, das für die Steuerung des pH-Werts im Körper eine wichtige Rolle spielt. Chlorophyll reinigt außerdem das Blut und reichert es mit Sauerstoff an, stellt also in der modernen Welt ein rundum unverzichtbares Lebensmittel dar. Zusätzlicher Sauerstoff im Blut bewirkt, dass man sich nicht so erschöpft fühlt und eine größere Ausdauer besitzt – die erste Voraussetzung für ein aktives Leben. Will man also den Körper biologisch jung erhalten, sollte man viel grünes, chlorophyllhaltiges Blattgemüse zu sich nehmen. Alle Sorten Blattgemüse sind Gesundmacher und können viele Mahlzeit harmonisch abrunden. Gleichzeitig eignen sie sich hervorragend für Smoothies und Shakes.

- Blattkohl
- Brauner Senf
- Eichblattsalat
- Grünkohl
- Kohlrabiblätter
- Kopfsalat
- Löwenzahnblätter
- Mangold
- Romanasalat
- Rote-Bete-Blätter
- Spinat

Algen und Seetang

Algen und Seetang, manchmal auch „Meeresgemüse" genannt, gehören seit Jahrtausenden zu den Lieblingsspeisen vieler Küstenbewohnerinnen und Küstenbewohner. Vor allem in Asien wird das Wassergemüse als wichtiger Teil der Ernährung geschätzt.

Tatsächlich ist es eines der nährstoffdichtesten Lebensmittel überhaupt. Es enthält etwa zehnmal so viel Kalzium wie Kuhmilch und ein Vielfaches mehr an Eisen als rotes Fleisch. Außerdem ist es sehr gut verdaulich, enthält viel Chlorophyll und gilt als basenbildend. Die vielen Mineralien machen es zur besten aller bekannten natürlichen Elektrolytquellen. Elektrolyte sind deshalb so wichtig, weil sie unsere Zellen vor dem Austrocknen schützen und damit unsere Ausdauer erhöhen – für sportlich und auch sonst im Leben aktive Menschen ein wichtiger Faktor, was Algen und Seetang im Rahmen einer vielseitigen Ernährung zu unersetzlichen Helfern macht.

Hier einige wichtige Algenarten. Vor allem die Dulse-Alge, die sich ähnlich wie Blattgemüse zubereiten lässt, besitzt eine geradezu perfekte Mischung natürlicher Inhaltsstoffe und hat alles, was unser Körper an Mineralien und Spurenelementen braucht.

- Agar
- Arame
- Dulse
- Kelp
- Kombu
- Nori
- Wakame

Obst

Hier das Obst, das in diesem Buch häufig vorkommt, dazu andere empfehlenswerte Lieblingssorten:

- Ananas
- Äpfel
- Aprikosen
- Bananen
- Beeren aller Art (Brombeeren, Blaubeeren, Preiselbeeren, Himbeeren, Erdbeeren)
- Birnen
- Datteln
- Drachenfrüchte
- Feigen
- Granatäpfel
- Grapefruit
- Kirschen
- Kiwi
- Mango
- Melonen (Zuckermelone, Honigmelone, Wassermelone)
- Nektarinen
- Orangen
- Papayas
- Pfirsiche
- Pflaumen
- Weintrauben

Hülsenfrüchte

Hülsenfrüchte (in der Fachsprache „Leguminosen") bilden eine eigene Pflanzenfamilie, bei denen die Samen in Schoten sitzen. Dazu gehören Linsen, Erbsen und Bohnen. Besonders beliebt sind Linsen und Schälerbsen – aus dem einfachen Grund, weil sie vor dem Kochen nicht eingeweicht werden müssen.

Alle Hülsenfrüchte haben ein hervorragendes Nährwertprofil. Sie enthalten reichlich Protein und Ballaststoffe sowie viele Vitamine und Mineralstoffe. Hülsenfrüchte nehmen in meiner Ernährung einen festen Stammplatz ein. Erbsen (vor allem gelbe) enthalten eine ungewöhnlich günstige Kombination wertvoller Aminosäuren sowie jede Menge Kalium und B-Vitamine – allesamt wichtige Bestandteile einer gesunden Ernährung.

Manche Menschen meiden Hülsenfrüchte, weil sie in dem Ruf stehen, Blähungen zu erzeugen, aber dieser Verdacht ist falsch: Werden sie richtig zubereitet, können sie genauso gut verträglich sein wie andere Lebensmittel auch. Am besten weicht man Bohnen und Erbsen grundsätzlich ein und spült sie anschließend mit klarem Wasser ab, um sie dann nach dem Kochen nochmals mit Wasser abzubrausen. Dank dieser Methode werden die meisten unverdaulichen Stoffe im Einweich- und Kochwasser gebunden, was die Blähungen wirksam minimiert. Eine andere Methode, mit der sich die Verdaulichkeit von Hülsenfrüchten erhöhen lässt, besteht darin, dem Kochwasser etwas Seetang beizugeben. Ein kurzer Streifen Seetang reicht für einen mittelgroßen Kochtopf vollkommen aus.

Wie alle ballaststoffreichen Lebensmittel sollte man Hülsenfrüchte nur nach und nach in den Ernährungsplan aufnehmen und die Menge langsam steigern, um dem Darm Gelegenheit zu geben, sich an die neuen Inhaltsstoffe zu gewöhnen. Eine allmähliche Ausweitung des Hülsenfrüchteanteils sorgt für einen problemlosen und genussvollen Übergang. Folgende Hülsenfrüchte kann ich wegen ihres ausgewogenen Nährwerts und ihres vorzüglichen Geschmacks besonders empfehlen:

Bohnen
- Adzuki
- Dicke Bohnen
- Kichererbsen
- Kidneybohnen
- Pintobohnen
- Schwarzaugenbohnen
- Schwarze Bohnen
- Weiße Bohnen

Linsen
- Braune Linsen
- Grüne Linsen
- Rote Linsen

Erbsen
- Gelbe Schälerbsen
- Grüne Schälerbsen

Samen

Leinsamen

Leinsamen enthalten einen hohen Anteil an Omega-3-Fettsäuren, einer der wichtigsten essenziellen Fettsäuren überhaupt. Omega-3- und Omega-6-Fettsäuren werden „essenziell" genannt, weil der Körper sie nicht selbst produzieren kann. Omega-6-Fettsäuren finden sich allerdings ausreichend in jeder gesunden Ernährungsweise, zum Beispiel in Nüssen, Samen und diversen Pflanzenölsorten. Omega-3-Fettsäuren dagegen sind eher selten in der Pflanzenwelt anzutreffen (Gegenbeispiele sind Hanf und Walnüsse). Leinsamen stellen die reichhaltigste pflanzliche Quelle für Omega-3-Fettsäuren dar; tatsächlich machen sie 57 Prozent der in den Samen enthaltenen Fette aus. Für alle vegetarisch oder vegan lebenden Menschen können sie deshalb als ein besonders wertvolles Lebensmittel gelten. In besonderem Maße gilt dies natürlich für alle, die Sport treiben. Abgesehen von der entzündungshemmenden Wirkung spielen die Omega-3-Fettsäuren aber auch beim Fettstoffwechsel eine wichtige Rolle. Eine tägliche Dosis von etwa 10 g (1 EL) gemahlenem Leinsamen genügt, um dem Körper alles zu geben, was er für eine effiziente Fettverbrennung braucht.

Hanfsamen

Das in Hanf enthaltene Eiweiß enthält alle zehn essenziellen Aminosäuren, die der Körper selbst nicht produzieren kann und daher durch die Nahrung zu sich nehmen muss. Aus diesem Grund gilt Hanf als wichtigster Eiweißlieferant überhaupt. Das breite Spektrum an essenziellen Aminosäuren ist besonders für sportlich aktive Menschen von unschätzbarem Vorteil: Das Immunsystem wird angeregt und die antientzündlichen Effekte sorgen für eine schnelle Erholung. Hanf hilft außerdem beim Muskel- und Gewebeaufbau sowie beim Fettstoffwechsel.

Meiner Erfahrung nach ist das in Hanf enthaltene Eiweiß auch schneller verdaulich als andere Proteine. Das Hanfeiweiß befindet sich nämlich im rohen Zustand, sodass seine natürlichen Enzyme noch vollständig vorhanden sind und der Körper es rasch und effizient umsetzen kann – das Verdauungssystem wird dadurch nicht unerheblich entlastet. Und weil das Hanfeiweiß so leicht verdaulich ist, eignet es sich hervorragend als Ersatz für andere Proteine. Dabei stellt sich sogar heraus, dass man von diesem hochwertigen Eiweiß im Vergleich zu anderen Quellen insgesamt weniger essen muss. Beim Eiweiß geht es nämlich nicht nur um Quantität, sondern auch um Qualität. Einmal vom Körper verdaut, initiiert Eiweiß die Freisetzung eines Hormons, das den Körper in die Lage versetzt, seine Fettreserven besser zu nutzen, was wiederum insgesamt die Ausdauer und die Fettverbrennung fördert. Da Lebensmittel aus Hanf roh verzehrt werden, enthalten sie noch alle Vitamine, wertvollen Fette und Antioxidantien sowie das basenbildende Chlorophyll.

Frische spielt bei allem, was Hanf enthält, eine wichtige Rolle, ob es sich nun um Hanföl, Hanfsamen oder Proteinpulver aus Hanf handelt. Alle diese Produkte müssen eine tiefgrüne Farbe aufweisen, angenehm riechen und süßlich-nussig schmecken – alles Kennzeichnen für eine erst kürzlich erfolgte Ernte. Und wie bei jedem pflanzlichen Lebensmittel ist es wichtig, nur Hanfprodukte zu essen, die ohne den Einsatz von Herbiziden und Pestiziden hergestellt wurden.

Kürbiskerne

Kürbiskerne enthalten reichlich Eisen, von dem viele Menschen zu wenig haben, vor allem, wenn sie kein rotes Fleisch zu sich nehmen. Im schlimmsten Fall entsteht eine Anämie, die durch intensive körperliche Aktivitäten zusätzlich verstärkt werden kann. Wer sehr aktiv ist, muss deshalb erst recht für eine ausreichende Eisenzufuhr sorgen. Ich habe mir angewöhnt, immer ein paar rohe Kürbiskerne bereitzuhalten und sie auf viele Gerichte aufzustreuen.

Sesamkörner

Sesamkörner sind eine ausgezeichnete, leicht zu verwertende Quelle für Kalzium, das für einen guten Muskeltonus sorgt und deshalb für sportlich aktive Menschen ganz besonders wichtig ist. Kalzium ist außerdem für die Erhaltung der Knochen- und Zahngesundheit wesentlich.

Sonnenblumenkerne

Sonnenblumenkerne bestehen zu 22 Prozent aus Eiweiß und liefern daher viel Substanz. Aber auch die vielen enthaltenen Mineralstoffe und Spurenelemente machen Sonnenblumenkerne zu einem wertvollen Bestandteil einer gesunden Ernährung und sie sollten somit regelmäßig verzehrt werden. Sonnenblumenkerne enthalten besonders viel Vitamin E und Antioxidantien. Wie Mandeln lassen Sie sich außerdem sehr gut für die eigene Herstellung von Pflanzendrinks verwenden.

Pseudogetreide

So genannte Pseudogetreide sind in Wirklichkeit Samen, die aber in der Regel wie Getreide behandelt und verwendet werden. Pseudogetreide enthalten kein Gluten, sodass sie leicht verdaulich, basenbildend und für Menschen mit Glutenunverträglichkeit gut geeignet sind.

Amaranth

Amaranth schmeckt leicht nussig, hat eine hohe Nährstoffdichte und gehört bei den Pseudogetreidesorten zu meinen absoluten Lieblingen. Es besteht zu etwa 17 Prozent aus Eiweiß, enthält viel Kalzium, Eisen, Kalium, Phosphor, die Vitamine A und C und ist außerdem reich an Lysin, einer eher seltenen, essenziellen Aminosäure. Lysin dient der Aufnahme von Kalzium im Darm, lässt sich aber in rein pflanzlichen Lebensmitteln nicht so leicht finden, was Amaranth für alle Menschen, die sich vegetarisch oder vegan ernähren, besonders wertvoll macht. Amaranth enthält außerdem etwa doppelt so viel Kalzium wie Kuhmilch und besteht vor allem im Keim zu 8 Prozent aus Fettsäuren, die eine wichtige, als hervorragendes Antioxidans bekannte Form von Vitamin E mit der Bezeichnung Tocotrienol enthalten. Amaranth ist leicht verdaulich und gilt daher als Lebensmittel mit hohem Energiegewinn.

Außerdem lässt sich Amaranth gut in allen Backwaren verwenden. Da er im Vergleich zum Weizen dreimal so viele Ballaststoffe und fünfmal so viel Eisen enthält, lassen sich mit Amaranth außerdem viele Backwaren wirksam aufwerten. Auch sein starker, leicht süßlicher Geschmack macht Amaranthmehl zu einer hervorragenden Beimischung, zum Beispiel zu Dinkel oder Kamut. Amaranthmehl wirkt leicht klebrig, so dass man es am besten mit anderen, eher lockeren Mehlsorten wie Dinkel oder Buchweizen mischt.

Zubereitung: Wie Reis im Verhältnis 1:3 etwa 25 Minuten in Wasser kochen.

Buchweizen

Trotz seines Namens ist Buchweizen keine Weizensorte, ja, er gehört nicht einmal zur Familie der Weizenpflanzen, sondern ist mit Rhabarber verwandt. Buchweizen enthält acht essenzielle Aminosäuren, darunter einen hohen Anteil am eher seltenen Tryptophan, und gilt deshalb als

guter Eiweißlieferant. Tryptophan ist als Vorläufersubstanz für die körpereigene Herstellung von Serotonin im Körper notwendig, sodass eine ausreichende Menge für die mentale und psychische Gesundheit wichtig ist. Buchweizen enthält außerdem viel Mangan, etliche B- und E-Vitamine sowie Kalzium.

Wegen seines eher milden Geschmacks wird Buchweizen leicht von anderen Zutaten dominiert. Die in Buchweizen enthaltenen Aminosäuren harmonieren mit denen in Quinoa. Achten Sie beim Einkauf darauf, die ungeröstete Sorte zu wählen. Gerösteter Buchweizen ist zwar in Osteuropa als „Kasha" sehr beliebt, keimt aber nicht und ist daher in der Küche weniger vielseitig zu verwenden.

Zubereitung: Wie Reis im Verhältnis 1:3 etwa 20 Minuten mit Wasser kochen.

Quinoa

Mit ihrer leichten, luftigen Konsistenz und ihrem milden, etwas erdigen Geschmack eignet sich Quinoa hervorragend für die Kombination mit anderen, eher schweren Getreidesorten. Ernährungsphysiologisch ähnelt sie dem Amaranth, besteht zu etwa 20 Prozent aus Eiweiß und enthält viel Lysin sowie Eisen und Kalium. Der hohe Anteil an für die Umwandlung von Kohlenhydraten in Energie verantwortlichen B-Vitaminen zeichnet Quinoa zusätzlich aus.

Im natürlichen Zustand ist Quinoa von einer Hülle aus einem bitteren Harz namens Saponin umhüllt, das offensichtlich Fressfeinde wie Vögel und

Cashewkerne

Kürbiskerne

Mandeln

Walnüsse

Quinoa

Medjool Datteln

Mungobohnen

Insekten vom Genuss der Samen abhalten soll. Heute wird das Saponin vor dem Verkauf weitgehend entfernt, dennoch bleiben oft kleinere Reste zurück, weshalb es wichtig ist, die Quinoakörner vor dem Kochen gründlich abzuwaschen.

Zubereitung: Wie Reis im Verhältnis 1:2 etwa 15 Minuten in Wasser kochen.

Wildreis

Beim Wildreis handelt es sich weniger um eine echte Reissorte als um den Samen einer Wasserpflanze. Er enthält viele B-Vitamine sowie Lysin und ist insgesamt nahrhafter als traditionelle Getreidesorten. Wildreis stammt ursprünglich aus Kanada und wächst dort sowie in Minnesota und Kalifornien bis heute größtenteils ohne den Einsatz von Pestiziden. Wildreis besitzt einen herzhaften Geschmack und eine kernige Konsistenz, mit der er viele Gerichte angenehm bereichern kann.

Zubereitung: Wie Reis im Verhältnis 1:2 etwa 30 Minuten in Wasser kochen.

Stärkehaltiges Gemüse und Getreide

Empfehlenswerte Gemüsesorten

Stärkehaltige Gemüsesorten bilden einen wichtigen Teil einer jeden gesunden Ernährung und gehören deshalb auch fest zum Thrive-Programm, sollten aber nicht unbegrenzt verzehrt werden. Eine gute Wahl sind die folgenden Sorten:

- Frühkartoffeln
- Kürbis
- Pastinaken
- Steck- und Kohlrüben
- Süßkartoffeln
- Yamswurzeln

Brauner Reis

Brauner Reis wird nicht ganz so stark verarbeitet wie das weiße Pendant und ist ihm deshalb aus ernährungsphysiologischer Sicht deutlich überlegen. Die beiden unterscheiden sich dadurch, dass beim braunen Reis die äußere Kleieschicht nicht entfernt wird, wodurch er alle Nährstoffe behalten kann. Brauner Reis enthält große Mengen Mangan, Selen und Magnesium sowie viel Vitamin B.

Zubereitung: Wie weißen Reis im Verhältnis 1:2 etwa 45 Minuten in Wasser kochen.

Hirse

Hirse gehört zu den am besten verdaulichen Getreidesorten und ist außerdem glutenfrei. Vor allem aber ist sie wahrscheinlich das vielseitigste Getreide, das uns zur Verfügung steht. Je nach Kochdauer können wir sie in cremig-weichem oder körnigem Zustand genießen. Sie enthält viel Vitamin B, Magnesium sowie die essenzielle Aminosäure Tryptophan; sie hat eine hohe Nährstoffdichte und passt zu vielen verschiedenen Speisen. Hirsemehl schmeckt mild und passt sich problemlos dem Aroma anderer Zutaten an.

Zubereitung: Wie Reis im Verhältnis 1:3 etwa 35 Minuten in Wasser kochen.

Dinkel

Dinkel ist reich an B-Vitaminen und enthält 30 Prozent mehr Eiweiß als normaler Weizen. Zwar hat er etwas Gluten, doch ist der Anteil erheblich geringer als etwa bei normalem Weizen. Gerade weil es glutenhaltig ist, lässt sich Dinkelmehl beim Backen gut mit anderen Mehl- und Samensorten kombinieren. Deshalb und weil ganzer Dinkel eine lange Vorbereitungszeit hat, ist Dinkelmehl für unsere Zwecke am besten geeignet. Der Geschmack ist mild und leicht nussig.

Zubereitung: Über Nacht einweichen, dann wie Reis im Verhältnis 1:3 etwa 60 Minuten in Wasser kochen. Dinkel kann auch gekeimt in Sprossenform verwendet werden.

Teff

Teff, auch Zwerghirse genannt, ist eine äußerst wohlschmeckende Getreidesorte aus Äthiopien, die viele Mineralstoffe enthält – neben großen Mengen Kalzium, Magnesium, Bor, Kupfer, Phosphor und Zink etwa zweimal so viel Eisen wie normaler Weizen. Das tatsächlich winzig kleine Korn wird in gekochtem Zustand sehr schnell weich und cremig; wird eine etwas knackigere Konsistenz gewünscht, müssen Sie kürzere Kochzeiten wählen. Der Geschmack erinnert leicht an Melasse und lässt sich gut mit anderen Mehlen kombinieren.

Zubereitung: Wie Reis im Verhältnis 1:4 etwa 5 Minuten in Wasser kochen. Teff kann auch gekeimt in Sprossenform verwendet werden.

Öle

Es gibt eine breite Palette gesunder Pflanzenöle, jedes mit eigener Geschmacksnote und eigenem Nährwertprofil. Der Schlüssel zu einem vielseitigen Nährstoffangebot liegt darin, wechselnde Öle einzubringen. Mit „vielseitig" meine ich, dass jede Mahlzeit (und jede Zwischenmahlzeit) eine ganz besondere Mischung an Nährstoffen bereitstellen sollte, die zu den anderen Mahlzeiten des Tages passt. Damit ist garantiert, dass man im Laufe eines Tages alles Notwendige zu sich nimmt – was aber nicht auf jede einzelne Mahlzeit zutreffen muss.

Richtig portioniert gehören hochwertige, kalt gepresste, unraffinierte Öle zu den gesündesten Lebensmitteln überhaupt. Meine persönlichen Favoriten sind Hanföl, Kürbiskernöl, Leinsamenöl und (nur zu Kochzwecken) Kokosnussöl. Viele Ölsorten enthalten dieselben Nährstoffe, die wir in den Samen ihrer Ursprungspflanze finden, nur in konzentrierterer Form.

Dennoch sind nicht alle Öle gleich gut. Viele werden billig produziert und gehören dann wiederum zu dem Schädlichsten, was wir zu uns nehmen können, schlimmer noch als raffinierte Kohlenhydrate. Viele Fertigprodukte, die man im Supermarkt kaufen kann, seien es zum Beispiel Muffins, Chips oder Kuchen, enthalten gar Transfette, in Wahrheit fast so etwas wie Giftstoffe, die der Körper weder verdauen noch verwerten kann. Transfette werden erstaunlich vielen Massenprodukten beigemischt, um deren Haltbarkeit zu erhöhen, sie über lange Zeit feucht zu halten und den Geschmack zu verstärken.

Besonders wichtig bei der Verwendung von Ölen ist das Wissen darüber, wie heiß welche Sorten werden dürfen und welche Sorten lieber gar nicht erhitzt werden sollten. Frittieren würde ich wegen des niedrigen Siedepunkts jedenfalls nicht mit Hanf-, Lein- oder Kürbiskernöl (Achtung: Rauchentwicklung!). Damit würde man alle wertvollen Inhalte regelrecht killen. Außerdem besteht die Gefahr, dass ab dem sogenannten Rauchpunkt beim Erhitzen gesunde Öle in ungesunde

Transfette verwandelt werden. Auch beim Backen mit Zutaten und Ölen, die Fettsäuren enthalten, wie Leinsamen und andere gemahlene Samensorten, muss darauf geachtet werden, dass die Backtemperatur 180 °C nicht übersteigt. Ich für meinen Teil habe mir sogar angewöhnt, Temperaturen über 150 °C möglichst zu vermeiden, um die gesunden Fettsäuren garantiert zu erhalten. Bei Wok-Gerichten, bei denen die Temperaturen weit höher als 180 °C liegen, nehme ich nur noch Kokosnussöl.

Kokosnussöl

Kokosnussöl wird aus dem Fleisch der Kokosnuss gewonnen. Es ist das einzige Öl, das ich für Frittierzwecke verwende. Bei Zimmertemperatur bildet es eine feste, weißliche Masse, lässt sich aber gut auch bei hohen Temperaturen verwenden, ohne dass Transfette entstehen. Interessanterweise schmeckt man dem Kokosnussöl die Kokosnuss nur wenig an und beim Kochen tritt das Kokosaroma sogar noch stärker in den Hintergrund. Kokosnussöl enthält viele sogenannte mittelkettige Triglyzeride, eine besondere Art gesättigter Fettsäuren, die einige Gesundheitsvorteile aufweisen. Der Körper verwertet sie anders als andere Fettsäuren und sie gelten als überaus leicht verdaulich. Tatsächlich dauert es nur wenige Sekunden, bis die Leber beginnt, diese Fettsäuren in Energie umzuwandeln.

Natives Olivenöl Extra

Diese Bezeichnung heißt nichts anderes, als dass es sich um Öl aus der ersten Pressung handelt. Stammt es aus der nächsten Pressung, wird es als „natives Olivenöl", danach nur noch als „Olivenöl" angeboten. Mit seinem fruchtigen Aroma und seiner markanten Färbung eignet sich natives Olivenöl Extra für alle möglichen Saucen, Dressings und Dips. So gesund es auch ist: Olivenöl enthält nur wenig Omega-3-Fettsäuren.

Leinöl

Leinöl wird aus Leinsamen gepresst. Es ist milder im Geschmack als Hanf- oder Kürbiskernöl, enthält aber hohe Mengen an Omega-3-Fettsäuren und nur wenig Omega-6-Fettsäuren (im Verhältnis 5:1).

Hanföl

Hanföl wird aus Hanfsamen gewonnen und gehört zu den gesündesten Ölen überhaupt. Es hat eine dunkelgrüne Färbung mit einer weichen, cremigen Konsistenz und schmeckt leicht nussig. Hanföl lässt sich hervorragend als Basis für alle möglichen Salatdressings einsetzen. Es ist insofern einzigartig, als es das ideale Verhältnis von Omega-3- zu Omega-6-Fettsäuren aufweist.

Kürbiskernöl

Kürbiskernöl besitzt eine tief dunkelgrüne Farbe, manchmal sogar mit einem Hauch Dunkelrot. Es hat einen ausgeprägten Eigengeschmack und enthält viele essenzielle Fettsäuren, die vor allem für die Gesundheit der männlichen Prostata wichtig sind.

Nüsse/Nussfrüchte

Mandeln

Mandeln sind auf der ganzen Welt sehr beliebt und in rohem Zustand erstaunlich widerstandsfähig gegenüber Schimmel, was sie für den Rohverzehr bestens geeignet macht. Mandeln enthalten außerdem besonders viel Vitamin B2 sowie viele Ballaststoffe und Antioxidantien. Von allen Steinfrüchten bringt die Mandel wohl die höchste Menge an Nährstoffen mit. Nicht zuletzt wegen ihrer hervorragenden Verdaulichkeit (besonders, wenn sie eingeweicht wurden) sollten Mandeln zu den Grundsäulen jeder gesunden Ernährung gehören. Man muss sie zwar nicht unbedingt einweichen, aber dadurch werden sie automatisch wertvoller: Man versetzt sie quasi in den Vorzustand der Keimung, was den Gehalt an Vitaminen erhöht und die Enzymhemmer entfernt. Dadurch werden die Mandeln umso verdaulicher. Auf Seite 43 habe ich ein ganz einfaches Rezept zur Herstellung von Mandelmilch aufgeführt, die den entsprechenden Fertigprodukten in nichts nachsteht. Wer eine Mandelallergie hat, muss allerdings auf Reismilch ausweichen.

Macadamianüsse

Diese Nusssorte enthält viel Omega-7- und Omega-9-Fettsäuren. Obwohl das keine essenziellen Fettsäuren sind (der Körper kann sie problemlos selbst herstellen), sind sie dennoch für ihre gesundheitsfördernde Wirkung bekannt. Eingeweichte und pürierte Macadamianüsse ergeben eine cremige und vor allem gesunde Alternative zu Butter oder Margarine. Auch wenn meine Rezepte stets eingeweichte Macadamianüsse vorsehen, müssen sie nicht unbedingt eingeweicht werden, falls die Zeit mal knapp ist.

Walnüsse

Walnüsse enthalten viel Vitamin B sowie ein einzigartiges Aminosäurenprofil. Auch Kalium und Magnesium sind reichlich in Walnüssen enthalten. Sie dienen daher vor allem dem Erhalt des Elektrolytspiegels im Körper und helfen allen Sportlerinnen und Sportlern, einer Austrocknung vorzubeugen. Wie Mandeln und Macadamianüsse werden Walnüsse durch Einweichen verdaulicher und nahrhafter. Walnüsse sind eine tolle Bereicherung vieler Gerichte und Snacks.

Andere Nüsse und Steinfrüchte

Die unten aufgeführten Nusssorten bieten allesamt ein hohes Maß an Nährstoffen in kompakter Form. Sie lassen sich auch als Ersatz für andere Nüsse und Steinfrüchte einsetzen, zum Beispiel für Mandeln und Macadamianüsse. Am besten ist es, täglich möglichst viele verschiedene Nüsse zu verzehren, um so die ganze Palette an Aromen und Nährstoffen nutzen und genießen zu können.

- Cashewkerne
- Haselnüsse
- Paranüsse
- Pekannüsse
- Pinienkerne
- Pistazien

Essige

Apfelessig

Apfelessig steuert zu Saucen und Dressings reichlich Kalium bei. Aus fermentierten Äpfeln hergestellt, gilt er als äußerst gesundes Lebensmittel. Die in ihm enthaltene Apfelsäure fördert die Verdauung.

Balsamicoessig

Wie Apfelessig hat Balsamicoessig im Körper eine basenbildende Wirkung. Zusammen mit Hanföl oder einer anderen Ölmischung eignet er sich hervorragend als Grundlage für jedes Salatdressing.

Hefeflocken

Hefeflocken bestehen aus vielen auf Melasse gezüchteten Hefepilzen. Sie enthalten reichlich Eiweiß sowie viele B-Vitamine, insbesondere Vitamin B12. Da Vitamin B12 im Pflanzenreich nur selten vorkommt, spielen Hefeflocken für alle, die sich rein pflanzlich ernähren möchten, eine wichtige Rolle. Anders als Backhefe sind Hefeflocken nicht mehr aktiv. Aus diesem Grund können nahezu alle Menschen, die aus verschiedenen Gründen aktive Hefe meiden müssen, Hefeflocken gut vertragen. Im Übrigen lassen sich Hefeflocken schmelzen und erinnern im Geschmack an milden Cheddarkäse. In der pflanzlichen Küche lassen sie sich daher besonders gut als Würze für herzhafte Speisen verwenden.

Süßungsmittel

Stevia

Stevia ist ein Kraut, dessen Blätter etwa 30-mal süßer sind als Zucker, jedoch im getrockneten Zustand keine Kohlenhydrate enthalten und damit weder den Insulinhaushalt noch den Blutzuckerspiegel beeinflussen. Als natürlicher Süßstoff ist Stevia also eine gute Alternative zu herkömmlichen künstlichen Süßstoffen. Außerdem fördert sie die Verdauung.

Kokosnektar

Kokosnektar (manchmal auch „Kokosblütennektar" genannt) wird aus dem Saft der Kokosblüten gewonnen und ist eine gute Quelle für Kohlenhydrate mit niedrigem glykämischem Index, sprich: ein idealer, nachhaltiger Energielieferant, der vielen Gerichten eine angenehme, milde Süße verleihen kann.

Agavennektar

Der helle Sirup wird aus Agaven gewonnen. Da er fast zu 100 Prozent aus Zucker besteht, besteht die Gefahr, dass der Insulinwert nach dem Verzehr schnell in die Höhe schießt, sofern der Sirup nicht zusammen mit Fett, Eiweiß oder Ballaststoffen gegessen wird. Ideal ist er als Zutat in Nahrungsmitteln für Sportlerinnen und Sportler wie speziellen Energieriegeln.

Kräuter

Hier die Kräuter, die ich am liebsten verwende. Sofern möglich, sollten Sie stets frische Kräuter nehmen; trotzdem lohnt es sich, einen Vorrat an getrockneten Kräutern parat zu halten.

- Basilikum
- Chili
- Dill
- Koriander
- Minze
- Oregano
- Petersilie
- Thymian

Gewürze

Neben einem guten Meersalz empfiehlt es sich, einen ausreichenden Vorrat an Gewürzen bereitzuhalten. Hier meine persönlichen Favoriten:

- Cayennepfeffer
- Currypulver
- Kardamom
- Koriander
- Kümmel
- Kurkuma
- Muskatnuss
- Nelke
- Paprikapulver
- Schwarzer Pfeffer
- Zimt

„Nehmen Sie Ihre Gesundheit selbst in die Hand – gestalten Sie Ihre Zukunft."

Basics

Mandelmilch

Ein bestechend einfaches Rohkostrezept, vielseitig und mit hohem Nährwert, aber ohne all die Füllstoffe, wie man sie in manchen Fertigdrinks findet. Mandelmilch aus dem Laden ist außerdem pasteurisiert, was den Nährwert weiter schmälert. Mandelmilch können Sie immer dann verwenden, wenn in einem Rezept ein Pflanzendrink aufgeführt wird – und natürlich ist er der ideale Begleiter für alle Frühstücksflocken!
Ergibt 1 l.

 Roh  Glutenfrei **PR** Proteinreich

Vorbereitungszeit: 5 Minuten (plus 8-10 Stunden Einweichzeit)
Sie brauchen: 1 leistungsstarken Mixer, 1 feinmaschiges Sieb

► Mandeln in einer Schüssel mit Wasser 8-10 Stunden einweichen. Je länger die Einweichzeit, desto cremiger die Mandelmilch. (Bis zu 12 Stunden sind empfehlenswert.) Wasser abgießen und Mandeln abspülen.

► In einem Mixer die eingeweichten Mandeln, 500 ml Wasser und die Dattel (optional) zuerst auf niedriger Stufe, dann auf hoher Stufe 1-2 Minuten pürieren, bis die Mischung glatt und milchig ist.

► Das restliche Wasser (250 ml) zugeben und weitere 20 Sekunden pürieren.

► Mandelmischung durch ein feines Sieb in eine Schüssel gießen. Anschließend noch einmal durch ein Käsetuch absieben und die Mandelreste gut ausdrücken, um so viel Flüssigkeit wie möglich zu gewinnen. Feste Überbleibsel im Käsetuch verwerfen.

► Süßegrad durch Hinzufügen einer weiteren Dattel oder etwas Kokosnussnektar feinjustieren. Mit Salz abschmecken.

1 Tasse (250 ml) rohe Mandeln

750 ml Wasser

1 Medjool-Dattel, entsteint (optional, falls Sie es süßer mögen)

1 Prise Meersalz

Unverschlossen im Kühlschrank bis zu 5 Tage haltbar.
Um Schokodrink herzustellen, 2 TL Kakaopulver einrühren.
Anstelle von Mandeln können Sie alle anderen rohen Nüsse und Samen verwenden oder auch miteinander kombinieren, zum Beispiel Hanfsamen, Sonnenblumenkerne, Cashewkerne (ergibt den cremigsten milchartigen Drink) oder Walnüsse.

Cashew-Cheddarkäse

Ein Käse, der Geschmack und Nährwert aller Burger aufwerten kann. Ihn
herzustellen dauert ein Weilchen, aber der Aufwand lohnt sich.
Ergibt 450 g.

 Roh    Glutenfrei    Proteinreich

Vorbereitungszeit: 5 Minuten (plus 6-8 Stunden Einweichzeit)
Sie brauchen: 1 Mixer

260 g Cashewkerne

40 g Hefeflocken

125 ml Rejuvelac (Rezept Seite 45)

½ TL Knoblauchpulver

4 TL braunes Miso

1 TL Meersalz

2 EL Agar-Agar-Pulver

▶ Cashewkerne in einer Schüssel mit gefiltertem Wasser 6-8 Stunden
einweichen lassen. Wasser abgießen.

▶ Cashewkerne und alle restlichen Zutaten bis auf das Agar-Agar-
Pulver in einen Mixer geben und pürieren, bis die Mischung glatt ist.
In eine Glasschüssel geben und mit einem Käsetuch abdecken. Bei
Zimmertemperatur 24-72 Stunden setzen lassen.

▶ Mischung in einen Topf geben und bei mittlerer Hitze zum
Kochen bringen. Agar-Agar-Pulver zugeben und 3-5 Minuten lang
kontinuierlich rühren, bis die Mischung glatt ist. In einen viereckigen
Glasbehälter geben, damit sich ein Käseblock bilden kann. Oberseite
glatt streichen.

▶ Mindestens 6 Stunden im Kühlschrank abkühlen lassen, bis der Käse
fest ist.

*In Plastikfolie eingewickelt im Kühlschrank bis zu 3 Wochen haltbar. Je län-
ger der Käse im Kühlschrank reift, desto pikanter wird sein Geschmack. Im
„Thrive Energy Lab" lassen wir ihn 2 Wochen reifen.*

Rejuvelac

Die magische Zutat für die Herstellung von Cashew-Cheddarkäse.
Ergibt 1 l.

 Roh    Glutenfrei   **SND** Super-Nährstoffdichte

Vorbereitungszeit: etwa 6 Tage
Sie brauchen: 1 mittelgroßes bis großes Weckglas

1 Tasse (250 ml) Quinoa, Weichweizen oder Buchweizen

1,5 l gefiltertes Wasser

▶ Quinoa, Weichweizen oder Buchweizen in einer Schüssel mit 500 ml gefiltertem Wasser 8-12 Stunden einweichen lassen. Wasser abgießen, Quinoa, Weichweizen oder Buchweizen zweimal abspülen und in ein Weckglas geben. Mit einem Käsetuch abdecken und bei Zimmertemperatur stehen lassen. Zwei- bis dreimal am Tag abspülen, bis die Quinoa-, Weichweizen oder Buchweizenkörner zu keimen beginnen und die Keimfäden sichtbar werden. Dies kann 10-12 Stunden dauern.

▶ 1 l gefiltertes Wasser zufügen. Erneut mit dem Käsetuch abdecken und zwei weitere Tage stehen lassen.

▶ Absieben und die gekeimten Körner entsorgen. Flüssigkeit im Kühlschrank aufbewahren. Sie sollte trüb aussehen, aber frisch riechen und schmecken.

In einem versiegelten Glas im Kühlschrank bis zu 1 Woche haltbar.

Fermentierte Lebensmittel werden leicht schlecht, deshalb grundsätzlich nur saubere, desinfizierte Gläser und Utensilien verwenden.

Mandelmus

Eine einfach herzustellende, aber vielseitig einsetzbare Grundzutat voller Nährstoffe.
Ergibt 250 g.

 Roh  Glutenfrei  Proteinreich

Vorbereitungszeit: 5 Minuten
Sie brauchen: 1 Mixer

250 g rohe Mandeln
1 Prise Meersalz

▶ Ein Backblech mit Backpapier auslegen und die Mandeln darauf ausbreiten. Bei 180 °C 6-8 Minuten rösten.

▶ Mandeln abkühlen lassen und in einem Mixer 12-15 Minuten pürieren, bis ein dickes, cremiges Mus entstanden ist. (Zwischendurch den Mixer bei Bedarf anhalten, um Mandelmasse von den Wänden des Mixgefäßes nach unten zu streichen.) Meersalz unterziehen.

In einem Weckglas im Kühlschrank etwa 3 Wochen haltbar.

Variationen

Süßes Mandelmus: 1 EL Ahornsirup oder Kokosnussnektar einrühren.

Schokoladen-Mandelmus: 3 EL Kokosnussöl und 3 EL Kakaopulver unterziehen.

Ahorn-Zimt-Mandelmus: 2 TL Ahornsirup und 1 TL gemahlenen Zimt hinzufügen.

Kokosnussmus

Eine köstliche Alternative zu traditioneller Butter oder Margarine. Die vielseitig
nutzbare Kombination gesunder Fette kann auf getoastetes Keimbrot
gestrichen, über frisch gedämpftem Gemüse geschmolzen oder gar zum
Backen verwendet werden – einfach die traditionelle Butter oder Margarine
in Ihren Rezepten durch die gleiche Menge Kokosnussmus ersetzen.
Ergibt 250 g.

 Roh    Glutenfrei

Vorbereitungszeit: 20 Minuten
Sie brauchen: 1 Mixer

250 g ungesüßte Kokosraspeln

▶ Kokosraspeln in einem Mixer 12-15 Minuten pürieren. (Dabei
den Mixer alle paar Minuten anhalten, um Kokosmasse von den
Wänden des Mixgefäßes nach unten zu streichen.)

Im Kühlschrank 2 Wochen haltbar.

„Der Perfektion am nächsten kommen wir, indem wir ständig versuchen, uns zu verbessern."

Morgens

Himbeer-Zitronen-Mate

Ein belebendes, an Antioxidantien besonders reiches Getränk für den Morgen
– der ideale Kaffeeersatz mit natürlichem Koffein aus den nährstoffreichen
Blättern des Mate-Strauchs (auch „Yerba-Mate" genannt).
Ergibt 425 ml.

 Glutenfrei

Vorbereitungszeit: 4 Minuten

▸ Tee im heißen Wasser 3–4 Minuten ziehen lassen.

▸ Teebeutel entfernen (oder bei Verwendung von losem Tee durch ein Sieb abgießen). Ahornsirup einrühren, Zitronenscheiben und Himbeeren zugeben. Mit der frischen Minze garnieren.

1 Mate-Teebeutel (oder 1 TL loser Mate-Tee)

400 ml heißes Wasser

1 TL Ahornsirup (oder Stevia, falls Sie Kohlenhydrate reduzieren möchten), oder nach Geschmack

2 Scheiben Zitrone

1 Handvoll Himbeeren, frisch oder tiefgefroren

2 frische Minzeblätter oder 1 kleiner Minzezweig, zum Garnieren

Chia-Limonen-Aloe-Fresca

Dieses außergewöhnlich erfrischende Getränk kombiniert die berühmten Pflanzennährstoffe der Chiasamen mit den magenberuhigenden Eigenschaften der Aloe Vera. Es ist das ideale Getränk für den nötigen Energiekick am Morgen. Es hilft den Wasserhaushalt zu regulieren und damit die Energie über den Tag stabil zu halten. Besonders lecker schmeckt es an einem warmen Sommertag.

Ergibt 425 ml.

 Roh    Glutenfrei    Super-Nährstoffdichte

Vorbereitungszeit: 10 Minuten

300 ml gefiltertes Wasser

3 EL Aloe-Vera-Saft

2 EL Limettensaft, frisch gepresst

2 EL Ahornsirup (oder Stevia, falls Sie Kohlenhydrate reduzieren möchten), oder nach Geschmack

2 TL Chiasamen

► Wasser, Aloe-Vera- und Limettensaft in einem hohen Becher vermischen. Ahornsirup einrühren. Chiasamen unterziehen und einweichen lassen, bis sie gelieren (in der Regel dauert dies 4-5 Minuten). Dabei gelegentlich umrühren, damit sich keine Klumpen bilden.

► Kalt schmeckt dieser Drink am allerbesten. Stellen Sie also zum Servieren Eiswürfel auf Vorrat her und halten Sie für die Bewirtung von Freunden gleich eine größere Menge bereit.

Chia-Blaubeer-Ahorn-Pudding

Leicht verdaulich und mit Antioxidantien gespickt, verleiht dieser schmackhafte Pudding einen wunderbaren, energievollen Start in den neuen Tag. Auch als Frühstück nach dem Workout ist er bestens geeignet. Im Notfall können Sie auch gefrorene Blaubeeren verwenden, mit frischen Beeren ist der Pudding aber natürlich am besten.
Ergibt 2 Portionen.

 Roh    Glutenfrei   Super-Nährstoffdichte

Vorbereitungszeit: 5 Minuten

▶ In einer Schüssel Mandelmilch, Ahornsirup und Gewürzmischung verrühren und zuletzt die Chiasamen unterziehen.

▶ 15 Minuten durchziehen lassen, dabei ein- bis zweimal umrühren.

▶ Mit den frischen Blaubeeren und Mandelscheiben garnieren.

Im Kühlschrank in einem unverschlossenen Behältnis bis zu 2 Tage haltbar.

130 g frische Blaubeeren

250 ml ungesüßte Mandelmilch (gekauft oder selbst gemacht, siehe Seite 43)

1 TL Ahornsirup

½ TL Latte-Gewürzmischung (siehe Seite 227)

50 g Chiasamen

1 kleine Handvoll Mandeln, in Scheiben

Schokoladen-, Kokosnuss-, Blaubeer- und Himbeer-Parfait

Ein energiegeladenes Frühstück, das sehr gut etwa eine Stunde vor dem Workout verzehrt werden kann. Es schmeckt so köstlich, dass es auch als tolles Dessert geeignet ist.
Ergibt 1 Portion.

 Übergang    Glutenfrei

Vorbereitungszeit: 5 Minuten

125 ml Schokoladen-Ganache (Seite 60)

45 g glutenfreie Haferflocken

50 g Himbeeren

50 g Blaubeeren

125 ml Kokosnusssahne (Seite 61)

2 EL ungesüßte Kokosraspeln

1 EL Kakaonibs

▶ Schokoladen-Ganache in ein großes, hohes Glas geben. Mit den Haferflocken, dann den Himbeeren und den Blaubeeren bedecken. (Einige Blaubeeren zum Garnieren beiseitelegen.) Kokosnusssahne darüberstreichen und mit Kokosnussraspeln bestreuen. Mit Kakaonibs und den beiseitegelegten Blaubeeren garnieren.

Schokoladen-Ganache

Ein ideales Topping für alle, die sich im Übergang zur pflanzenbasierten
Ernährung befinden – gesund und gleichzeitig wunderbar luxuriös.
Ergibt 250 ml.

 Übergang    Glutenfrei

Vorbereitungszeit: 10 Minuten
Sie brauchen: 1 Mixer

1 Avocado, geschält und entkernt

125 ml ungesüßte Mandelmilch,
gekauft oder selbst gemacht
(Seite 43)

1 EL Ahornsirup oder
Kokosnussnektar

1 TL vegane, dunkle Schokotropfen

1 EL Kakaopulver

1 EL natives Kokosnussöl, durch
leichtes Erwärmen zum Schmelzen
gebracht

► Avocado, Mandelmilch, Ahornsirup, Schokotropfen und Kakaopulver
im Mixer glatt pürieren. Während der Mixer läuft, nach und nach das
Kokosnussöl zugeben, bis es emulgiert.

In einem luftdichten Behältnis im Kühlschrank 2-3 Tage haltbar.

Kokosnusssahne

Ebenso vielseitig wie köstlich, passt diese Kokosnusssahne auf so gut wie alles, von „Armen Rittern" über Waffeln bis hin zu Suppen oder Desserts. Auf jeden Fall ist sie eine gute Quelle wertvoller Fette.
Ergibt 375-500 ml.

 Glutenfrei

Vorbereitungszeit: 5 Minuten
Sie brauchen: 1 Hand- oder Standmixer

▶ 1 mittelgroße Rührschüssel kalt stellen.

▶ Kokosnussmilch aus dem Kühlschrank nehmen, öffnen und den dünnflüssigen Anteil weggießen. Dickflüssige Sahne in die gekühlte Schüssel geben und mit dem Hand- oder Standmixer aufschlagen, bis sie schön fluffig ist.

400 ml vollfette Kokosnussmilch aus der Dose, 6-12 Stunden im Kühlschrank gekühlt

In einem geschlossenen Behältnis im Kühlschrank bis zu 1 Woche haltbar.

Variationen

Süße Kokosnusssahne: Beim Aufschlagen 1 TL Vanilleextrakt und 1 TL Ahornsirup oder Kokosnussnektar zugeben.

Schokoladen-Kokosnuss-Sahne: Beim Aufschlagen 1 EL Kakaopulver einstreuen.

Warmer Haferbrei mit Himbeeren und Mango-Mousse

Fruchtig und voller Energie, ist dieses Frühstück leicht verdaulich und strotzt nur so vor Antioxidantien aus der Mango und den Himbeeren. Dieser warme Haferbrei kann als Beilage oder alleiniges Frühstück genossen werden. Die ideale Stärkung eine Stunde vor einer langen Fahrrad- oder Wandertour!
Ergibt 1 Portion.

 Glutenfrei

Vorbereitungszeit: 10 Minuten
Sie brauchen: 1 Mixer

- ▶ Für die Mango-Mousse alle Zutaten außer der Kokosnusssahne in einen Mixer geben und zu einer dickflüssigen, glatten Masse pürieren.
- ▶ Kokosnusssahne unterziehen (optional).
- ▶ Für den Haferbrei alle Zutaten in einem kleinen Kochtopf zum Kochen bringen und unter gelegentlichem Rühren 5-7 Minuten leicht köcheln lassen.
- ▶ Haferbrei in eine Schüssel geben und die Mango-Mousse darüber verteilen.
- ▶ Mit den frischen Himbeeren bestreuen.

Die Mango-Mousse hält sich in einem geschlossenen Behältnis im Kühlschrank bis zu 1 Woche.

2-3 EL frische Himbeeren

Mango-Mousse

200 g frische Mango, geschält, entkernt und in Stücke geschnitten

2 EL Orangensaft

2 EL Ahornsirup oder Kokosnussnektar

1 TL Agar-Agar-Pulver

60 ml Kokosnusssahne (Seite 61; optional)

Warmer Haferbrei

75 g glutenfreie Haferflocken

175 ml ungesüßte Mandelmilch (gekauft oder selbst gemacht; Seite 43)

1 TL Ahornsirup oder Kokosnussnektar

¼ TL Vanilleextrakt

1 Prise Meersalz

Frühstück to go

Einfach und doch sättigend. Der Bagel aus gekeimtem Getreide enthält viel Protein, die Alioli-Creme aus geröstetem Knoblauch schmeckt köstlich und stärkt das Immunsystem.
Ergibt 1 Portion.

 Glutenfrei (Option)

Vorbereitungszeit: 4 Minuten

1 Bagel oder zwei Scheiben Brot aus gekeimtem oder Vollkorn-Getreide

1 EL Edamame-Hummus (Seite 89)

1 EL Aioli aus geröstetem Knoblauch (Seite 99)

2 Scheiben Tomaten

½ reife Avocado, geschält und in dünne Scheiben geschnitten

1 kleine Handvoll Sonnenblumen- oder andere Sprossen

▶ Bagel toasten. Untere Hälfte mit Edamame-Hummus, obere Hälfte mit Aioli bestreichen.

▶ Tomaten- und Avocadoscheiben sowie die Sprossen auf dem Hummus verteilen, obere Hälfte des Bagels darüberlegen und das Ganze, falls gewünscht, halbieren.

Dazu passt frisch gepresster Orangensaft.

Gebackenes Cranberry-Mandel-Müsli

Dieses rundum köstliche Crunchy-Müsli hat die geballte Power von Mandeln, Chiasamen und Haferflocken. Damit hält es Ihren Blutzuckerspiegel und damit auch Ihren Energiepegel konstant.
Ergibt 6 Portionen.

 Glutenfrei

Vorbereitungszeit: 5 Minuten

300 g glutenfreie Haferflocken

75 g getrocknete Cranberries

45 g ungesüßte Kokosraspeln

45 g Mandelblättchen

75 g Sonnenblumenkerne

45 g Chiasamen

60 ml Agaven- oder Ahornsirup

1 EL Zimt, gemahlen

1 EL natives Kokosnussöl, geschmolzen

1/4 TL Meersalz

▶ Ofen auf 150 °C vorheizen.

▶ Alle Zutaten in einer mittelgroßen Schüssel vermischen und auf einem großen Backblech verteilen. Das Müsli 8-10 Minuten backen, bis es leicht gebräunt ist. Auf dem Backblech vollständig abkühlen lassen.

▶ Das gebackene Müsli in mundgerechte Stücke auseinanderbrechen. Je 1/6 in eine Müslischale geben und mit Ihrem Lieblings-Pflanzendrink genießen.

In einem offenen Behältnis im Kühlschrank bis zu 3 Wochen haltbar.

Heiße Applepie-Waffeln

Sättigend und köstlich.
Die Waffeln gehören zu den Lieblingen der Thrive-Energy-Diät.
Ergibt 1-2 Portionen (4 Waffeln).

 Übergang    Glutenfrei

Vorbereitungszeit: 10 Minuten
Sie brauchen: 1 Waffeleisen

▶ Für den Waffelteig in einer mittelgroßen Schüssel Mehl, Backpulver, Zimt und Salz vermischen. Mandelmilch und Kokosnussöl einrühren und mit einem Schneebesen verschlagen, bis ein dicker, glatter Teig entstanden ist.

▶ Waffeln in einem Waffeleisen nach den Angaben des Herstellers backen.

▶ In der Zwischenzeit für die Applepie-Füllung alle Zutaten in einem kleinen Kochtopf vermischen und bei mittlerer Hitze unter gelegentlichem Rühren etwa 8-10 Minuten kochen, bis die Äpfel weich sind. (Mir ist es lieber, die Füllung nicht zu weich zu kochen, damit der frische Geschmack und der Biss der Äpfel nicht verloren geht; falls Sie es lieber etwas breiiger mögen, können Sie sie aber auch ruhig länger kochen lassen.)

▶ Geben Sie die Waffeln auf Servierteller und löffeln Sie so viel heiße Füllung darüber, wie Sie mögen. Mit Ahornsirup beträufeln und mit ein wenig Zimt bestreuen. Etwas Kokosnusssahne sorgt für zusätzliches Aroma, wertvolle Fette und eine appetitliche Deko.

Die Füllung lässt sich in einem geschlossenen Behälter bis zu 1 Woche im Kühlschrank aufbewahren.

Waffelteig

130 g Weizenvollkornmehl

¾ TL Backpulver

¼ TL Zimt, gemahlen

1 Prise Meersalz

250 ml ungesüßte Mandelmilch gekauft oder selbst gemacht (Seite 43)

2 EL natives Kokosnussöl, geschmolzen

Applepie-Füllung

2 mittelgroße Äpfel, geschält, entkernt und grob gehackt

60 ml Ahornsirup oder Kokosnussnektar

1 EL reiner Vanilleextrakt

1 EL natives Kokosnussöl

1 TL Muskatnuss, frisch gemahlen

3 EL Ahornsirup oder Kokosnussnektar, zum Garnieren

1 TL Zimt, gemahlen (plus etwas mehr zum Garnieren)

125 ml Kokosnusssahne (Seite 61), zum Garnieren

Cashew-Beeren-Ritter

Lassen Sie sich von der langen Zutatenliste nicht abschrecken. Das Aroma dieser ganz und gar nicht „armen" Ritter ist jede Mühe wert. Köstlich zu einem Thrive-Energy-Brunch!
Ergibt 2 Portionen.

 Glutenfrei

Vorbereitungszeit: 5 Minuten
Sie brauchen: 1 Mixer, 1 Pfanne

▶ Cashewkerne, Wasser, Mandelmilch, Vanilleextrakt, Zimt, Muskat und Salz in einem Mixer glatt pürieren und in eine Schüssel geben.

▶ Pfanne bei mittlerer Hitze erwärmen und mit Kokosnussöl ausstreichen.

▶ Brote in die Cashewmischung tauchen und von beiden Seiten in der Pfanne goldbraun ausbacken.

▶ Mit Kokosnusssahne und frischen Beeren belegen und zuletzt mit Ahornsirup beträufeln.

60 g rohe Cashewkerne

250 ml Wasser

250 ml ungesüßte Mandelmilch, gekauft oder selbst gemacht (Seite 43)

1 TL reiner Vanilleextrakt

1 Msp. Zimt, gemahlen

1 Msp. Muskatnuss, gemahlen

1 Prise Meersalz

30 ml natives Kokosnussöl

4 Scheiben Brot aus gekeimtem oder Vollkorn-Getreide

2 gehäufte EL Kokosnusssahne (Seite 61)

2-3 EL frische Himbeeren

2-3 EL frische Blaubeeren

3-4 frische Erdbeeren, halbiert

2 EL Ahornsirup

Vorspeisen, Beilagen, Saucen & Dips

Sommerrollen
mit Mango-Limetten-Minze-Dip

Einfach, leicht, erfrischend und mit Mineralien vollgepackt – diese vegane
Version der bekannten Frühlingsrolle ist ein echter Sommerhit!
Ergibt 2-3 Portionen (6-8 Rollen).

 Roh  Glutenfrei  Super-Nährstoffdichte

Vorbereitungszeit: 15 Minuten
Sie brauchen: 1 Julienne-Mandoline (Küchenhobel mit Julienne-Messer)

▸ Eine große Schüssel mit warmem Wasser füllen und ein Küchenhandtuch auf die Arbeitsfläche legen. Immer nur ein Blatt Reispapier auf einmal bearbeiten. Das Papier in warmem Wasser einweichen, bis es biegsam ist (etwa 30 Sekunden). Auf das Küchenhandtuch legen.

▸ Die in feine Streifen geschnittenen Früchte und Gemüse sowie die Kelpnudeln in Form einer Rolle auf die Mitte des Reispapiers schichten. Koriander, Basilikum und Minze darüberstreuen. (Einige Blätter zum Garnieren aufbewahren.)

▸ Die Ihnen zugewandte Seite des Papiers mit 2 Händen anfassen, über der Füllung auf die andere Hälfte des Papiers schlagen und hinter der Füllung mit den Fingerspitzen leicht ein Stück weit unterstecken. Beide Seiten zur Mitte hin überschlagen und zuletzt das Ganze fest zusammenrollen. Die fertigen Rollen auf angefeuchtetes Küchenkrepp legen und mit einem weiteren Stück feuchtem Küchenkrepp zudecken, damit sie nicht austrocknen.

▸ Die Rollen auf einen Servierteller legen, diagonal in Hälften schneiden und mit den restlichen Kräutern garnieren. Sofort zum Mango-Limetten-Minze-Dip servieren.

6-8 Blätter Reispapier (aus dem Asialaden; Durchmesser 20 cm oder größer)

1 Mango, geschält, entkernt und in feine Streifen geschnitten

½ Salatgurke, in feine Streifen geschnitten

2 große Möhren, in feine Streifen geschnitten

½ Papaya, geschält, entkernt und in feine Streifen geschnitten

200 g Kelpnudeln

2 Handvoll frischer Koriander mit zarten Stielen (gröbere untere Hälfte der Stiele abgeschnitten)

1 große Handvoll frische Thai-Basilikumblätter

2 große Handvoll frische Minzeblätter

125 ml Mango-Limetten-Minze-Dip (Seite 94)

Sollte das Reispapier beim Aufrollen reißen, einfach ein weiteres Papier einweichen und um das gerissene Papier wickeln.

Garten-Tapasplatte

Eine leckere Mischung aus mediterranen Zutaten und Aromen,
kombiniert mit nährstoffreichen Sprossen.
Ergibt 2-3 Portionen.

GF Glutenfrei (Option)

Vorbereitungszeit: 8-10 Minuten

10-15 Oliven, grün oder schwarz

10-12 Scheiben Gurken süß-sauer
(Seite 92)

175 ml Edamame-Hummus
(Seite 89)

125 ml Artischocken-Tapenade
(Seite 88)

1 kleine Ecke Cashew-Cheddarkäse
(Seite 44)

8 Kirschtomaten, in Hälften
geschnitten

3-4 Scheiben Brot aus gekeimtem oder
Vollkorn-Getreide

1 kleine Handvoll
Sonnenblumensprossen,
zum Garnieren

1 kleine Handvoll frische
Basilikumblätter, zum Garnieren

Etwas natives Olivenöl oder Hanföl

▸ Oliven, Gurken, Hummus und Tapenade in kleine Förmchen
geben. Zusammen mit dem Käse und den Kirschtomaten auf einer
Servierplatte anrichten.

▸ Brotscheiben in Hälften oder Viertel schneiden und ebenfalls auf der
Servierplatte arrangieren, indem Sie sie zum Beispiel gegen einige
der Förmchen lehnen. Die Platte mit Sonnenblumensprossen und
Basilikumblättern garnieren.

▸ Alles mit etwas Olivenöl oder Hanföl beträufeln.

Die Tapasplatte sollte einen rustikalen Charakter haben und nicht zu ordentlich aussehen. Zielen Sie nicht auf Perfektion oder Symmetrie ab, sondern lassen Sie die Zutaten wie in einem Garten ganz natürlich „zusammenwachsen".

Falafel aus roten Linsen mit Artischocken-Tapenade

Wunderbar sättigend und vor Aroma nur so strotzend, können diese Falafel auch als leichte Mahlzeit serviert werden.
Ergibt 3-4 Portionen.

 Proteinreich

Vorbereitungszeit: 10 Minuten

▶ Für die Falafel Linsen in 500 ml Wasser kochen, bis das Wasser fast ganz aufgesaugt ist (etwa 15 Minuten).

▶ Platte ausschalten, Bulgur und Meersalz einrühren. Abdecken und ziehen lassen, bis der Bulgur weich geworden ist (etwa 10 Minuten). In eine mittelgroße Schüssel geben und abkühlen lassen.

▶ Öl in einer mittelgroßen Pfanne erhitzen. Gehackte Zwiebel unter gelegentlichem Rühren glasig dünsten (3-4 Minuten).

▶ Kumin, Tomatenmark und rote Pfefferpaste zugeben und unter häufigem Rühren weitere 2 Minuten dünsten lassen.

▶ Gedünstete Zwiebel zu der abgekühlten Linsenmischung geben. Frühlingszwiebeln, rote Pfefferflocken, Petersilie und Minze einrühren. Das Ganze mit schwarzem Pfeffer abschmecken, gründlich vermischen und zwischen den Handflächen zu kleinen, torpedoförmigen Bratlingen formen, die gut in die Endivienblätter passen. Je 1 EL Artischocken-Tapenade in jedes Salatblatt streichen. Jeweils eine Falafel darauflegen. (Es werden einige Falafel übrig bleiben.) Mit etwas Zitronensaft und Olivenöl beträufeln. Mit gehackter Petersilie bestreuen und mit Quinoa-Taboulé-Salat als Beilage servieren.

Der angerührte Falafelmix ist im Kühlschrank in einem verschlossenen Behältnis bis zu 4 Tage haltbar.

8 große Blätter Endiviensalat

125 ml Artischocken-Tapenade (Seite 88)

420 g Quinoa-Taboulé-Salat (Seite 155)

Falafel aus roten Linsen

200 g rote Linsen, abgespült

100 g Bulgur, zweimal abgespült

1 Prise Meersalz

125 ml natives Olivenöl oder Hanföl (plus etwas mehr zum Beträufeln)

1 mittelgroße Zwiebel, fein gehackt

2 EL Kumin, gemahlen

1 EL Tomatenmark

1 EL rote Pfefferpaste, süß

1 Bund Frühlingszwiebeln, fein gehackt

1 große Handvoll frische Petersilie, gehackt (plus etwas mehr zum Garnieren)

4-5 frische Minzeblätter, fein gehackt

1 TL rote Pfefferflocken

Schwarzer Pfeffer, frisch gemahlen

2 EL Zitronensaft, frisch gepresst

Edamame-Hummus

Artischocken-Tapenade

Guacamole mit Jalapeño
und Limetten

Salsa aus schwarzen
Bohnen, Mais und
Mango

Grünkohl-Chips

Leicht herzustellender, einfacher Snack mit viel Geschmack und hoher Nährstoffdichte. Als leckere Ablenkung von kalorienreichen Knabbereien bestens geeignet.
Ergibt 2 Portionen.

GF Glutenfrei   **SND** Super-Nährstoffdichte

Vorbereitungszeit: 5 Minuten
Sie brauchen: 1 Dörrapparat (für die Rohkost-Version)

▸ Ofen auf 180 °C vorheizen.

▸ Grünkohlblätter von den dicken Stängeln trennen und in mundgerechte Stücke reißen. Waschen, in einer Salatschleuder oder mit einem Küchenhandtuch gründlich trocknen und in eine große Schüssel geben. Mit dem Olivenöl beträufeln und gut vermengen, damit auch wirklich alle Blätter von Öl benetzt sind. In einer Schicht auf einem Backblech ausbreiten (einige Überlappungen sind in Ordnung). Nach Geschmack mit Fleur de sel oder Meersalz bestreuen.

▸ Backen, bis die Ränder braun, aber nicht verbrannt sind (10-15 Minuten). Alternativ die Chips 24 Stunden im Dörrapparat trocknen lassen.

1-2 Bund Grünkohlblätter
60-75 ml Oliven- oder Avocadoöl
Fleur de sel oder Meersalz

In einem offenen Behältnis sind die Chips bei Zimmertemperatur bis zu 1 Woche haltbar.

Tacos mit Salsa und Guacamole

Frisch, sättigend und voller Nährstoffe – diese Version des traditionellen Klassikers gehört längst zu den Thrive-Energy-Grundnahrungsmitteln.
Ergibt 2-3 Portionen (4-6 Tacos).

 Glutenfrei    Übergang

Vorbereitungszeit: 5 Minuten

4-6 Bio-Tacoschalen (aus Mais ohne Gentechnik)

375 ml Guacamole mit Jalapeño und Limetten (siehe Seite 91)

200 g schwarze Bohnen (aus der Dose oder eingeweicht und gegart)

200 g Bio-Mais (aus der Dose oder selbst gekocht)

375 ml Salsa aus Gurke, Papaya und Melone (Seite 92)

250 ml saure Cashewsahne (Seite 89)

2 große Handvoll frischer Korianderblätter

4-6 Limettenspalten

► Guacamole in die Tacoschalen streichen. Schwarze Bohnen und Maiskörner darauf verteilen, Salsa und einen Klacks saure Cashewsahne darüber geben und mit einigen Korianderblättern bestreuen. Zuletzt je 1 Limettenspalte über den Tacos auspressen und sofort servieren.

Gegrillte asiatische Aubergine

Eine einfache, aber schmackhafte Möglichkeit, Sandwiches, Burger, Salate und Reisgerichte um weitere Nährstoffe zu bereichern.
Für 2-3 Sandwiches oder Burger.

 **GF** Glutenfrei

Vorbereitungszeit: 5 Minuten,
Sie brauchen: 1 Grill oder 1 Grillpfanne

1 große asiatische Aubergine, diagonal in 1 cm dicke Scheiben geschnitten

60 ml Traubenkernöl

Meersalz und schwarzer Pfeffer, frisch gemahlen

► Grill vorheizen oder Grillpfanne erhitzen.
► Auberginenscheiben von beiden Seiten mit Öl bestreichen. Mit Salz und Pfeffer würzen.
► Scheiben grillen oder braten, bis Grillstreifen sichtbar werden (pro Seite etwa 3 Minuten).
► Vor dem Servieren abkühlen lassen.

Gegrillte Portobello-Pilze

Wegen ihrer fleischähnlichen Konsistenz können die ganzen Hüte der großen Champignons sehr gut als Ersatz für (Fleisch-)Bratlinge dienen. Sie können sie aber natürlich auch in Streifen schneiden, um Salaten und Sandwiches mehr Aroma und Biss zu geben.
Für 2-4 Sandwiches oder Burger.

 **GF** Glutenfrei

Vorbereitungszeit: 5 Minuten,
Sie brauchen: 1 Grill oder 1 Grillpfanne

6-8 große Portobello-Pilze, Stiele vorsichtig entfernt

60 ml Traubenkernöl

Meersalz und schwarzer Pfeffer, frisch gemahlen

► Grill vorheizen oder Grillpfanne erhitzen.
► Portobellohüte von beiden Seiten mit Öl bestreichen. Mit Salz und Pfeffer würzen.
► Pilzhüte grillen oder braten, bis Grillstreifen sichtbar werden (pro Seite etwa 3-4 Minuten).

Gegrillte Zucchini

Gegrillte Zucchini bereichern jedes Sandwich und jeden Burger
mit ihren Nährstoffen und ihrem köstlichen Geschmack.
Für 2-4 Sandwiches oder Burger.

 Glutenfrei

Vorbereitungszeit: 5 Minuten
Sie brauchen: 1 Mandoline (Gemüsehobel), 1 Grill oder Grillpfanne

1-2 mittelgroße Zucchini, der Länge nach in 5 mm dicke Scheiben geschnitten

2 EL Traubenkernöl

Meersalz und schwarzer Pfeffer, frisch gemahlen

▸ Grill vorheizen oder Grillpfanne erhitzen.

▸ Zucchinischeiben von beiden Seiten mit Öl bestreichen. Mit Salz und Pfeffer würzen.

▸ Zucchinischeiben grillen oder braten, bis Grillstreifen sichtbar werden und die Scheiben weich, aber nicht zu weich sind (pro Seite etwa 2 Minuten).

▸ Auf Küchenkrepp abtropfen und abkühlen lassen. Auf Wunsch in Hälften schneiden, damit sie auf Sandwiches passen.

Gerösteter Knoblauch

Ein einfacher Klassiker, der jedem Essen zusätzliches Aroma
verleiht und zugleich das Immunsystem stärkt.
Ergibt etwa ein Schraubglas (500 ml).

 Glutenfrei

Vorbereitungszeit: 5-10 Minuten

300 g geschälte Knoblauchzehen

2 EL Traubenkernöl

1 Prise Meersalz und schwarzer Pfeffer,
frisch gemahlen

▶ Ofen auf 180 °C vorheizen.

▶ In einer kleinen Schüssel Knoblauch, Öl, Salz und Pfeffer mischen. Gut vermengen, sodass alle Knoblauchzehen mit Öl benetzt sind.

▶ Knoblauchzehen auf einem mit Backpapier ausgelegten Backblech ausbreiten und rösten, bis sie weich und goldbraun sind (20-25 Minuten). Auf Zimmertemperatur abkühlen lassen.

*In einem gut verschlossenen Schraubglas im Kühlschrank bis zu
1 Woche haltbar.*

Schwarze-Bohnen-Bratlinge

Hier meine klassischen, proteinreichen Allzweck-Bratlinge aus schwarzen Bohnen.
Besonders lecker schmecken sie mit Cashew-Cheddarkäse (Seite 44).
Ergibt 10-12 Bratlinge.

 **GF** Glutenfrei (Option)

Vorbereitungszeit: 15 Minuten
Sie brauchen: 1 Mixer

▶ In einer mittelgroßen Schüssel schwarze Bohnen, Haferflocken, Reis, Hefeflocken und veganen Käse gründlich mit den Händen vermischen.

▶ In einem Mixer Zwiebel, Korianderblätter, gemahlene Koriandersamen, Paprikapulver, Senf und Tamari-Sojasauce pürieren. Zu der Bohnenmischung geben, gründlich vermischen und mit Salz abschmecken.

▶ Semmelbrösel zugeben und die Mischung mit den Händen verkneten, bis sie sich fest und nicht mehr klebrig anfühlt. Sie werden feststellen, dass die Semmelbrösel und die Haferflocken die Feuchtigkeit aufnehmen und die Masse immer kompakter wird.

▶ Mischung zwischen den Handflächen zu 2 cm dicken Bratlingen formen.

▶ Pfanne erhitzen. Etwas Kokosnussöl hineingeben. Bratlinge von beiden Seiten braten, bis sie leicht gebräunt sind (etwa 1 Minute pro Seite).

Die Bratlingsmischung können Sie in einem gut verschlossen Behältnis bis zu 5 Tage im Kühlschrank aufbewahren.

400 g schwarze Bohnen (aus der Dose oder eingeweicht und gegart)

75 g Haferflocken

150 g Brauner Reis, gekocht

2-3 EL Hefeflocken

35 g geriebener veganer Käse, gekauft oder selbst gemacht (zum Beispiel Cashew-Cheddarkäse, Seite 44)

1 große Gemüsezwiebel, geschält und gehackt

1 Handvoll frische Korianderblätter

2 EL Koriandersamen, gemahlen

1 EL Paprikapulver

1 EL körniger Senf

2 EL Tamari-Sojasauce

50-100 g Semmelbrösel, frisch gerieben (am besten Brot aus gekeimtem oder Vollkorn-Getreide verwenden)

Kokosnussöl zum Braten

Meersalz

Rote-Linsen-Kichererbsen-Bratlinge

Das pralle Aroma und ein spürbarer Nährstoffschub machen diese Bratlinge zum Liebling all derer, die es gewöhnt sind, am Ende einer Mahlzeit so richtig satt zu sein. Das macht sie ideal für den Übergang zu einer pflanzenbasierten Ernährung.

Ergibt 8-10 Bratlinge.

 Übergang    Glutenfrei (Option)    Proteinreich

Vorbereitungszeit: 15 Minuten
Sie brauchen: 1 Mixer

200 g rote Linsen

500 g Kichererbsen (aus der Dose oder eingeweicht und gegart)

1 große Gemüsezwiebel, geschält und grob gehackt

1 Knoblauchzehe, geschält und zerdrückt

½ TL Zitronensaft

1 großer roter Paprika, fein gehackt

1 Handvoll frische Korianderblätter, gehackt

1 große Handvoll frische Petersilie, gehackt

300 g gekochte Quinoa

150-200 g Semmelbrösel, frisch gerieben (am besten Brot aus gekeimtem oder Vollkorn-Getreide verwenden)

2 EL Kumin, gemahlen

2 EL Koriandersamen, gemahlen

2 EL Paprikapulver

½ TL schwarzer Pfeffer, frisch gemahlen

Meersalz

▸ In einem mittelgroßen Kochtopf Linsen in 500 ml Wasser bissfest garen (etwa 10 Minuten). Abgießen, gleichmäßig auf einem Backblech verteilen und zum Abkühlen beiseitestellen.

▸ In einem Mixer die Hälfte der Kichererbsen zusammen mit der Zwiebel, dem Knoblauch und Zitronensaft glatt pürieren.

▸ Abgekühlte Linsen in eine große Schüssel geben. Kichererbsenmischung, restliche ganze Kichererbsen, roten Paprika, Korianderblätter, Petersilie, Quinoa, Semmelbrösel, Kumin, Koriandersamen, Paprikapulver und schwarzen Pfeffer zugeben. Mit den Händen verkneten und mit Salz abschmecken.

▸ Mischung zwischen den Handflächen zu 2 cm dicken Bratlingen formen.

▸ Bei mittlerer Hitze Bratlinge von beiden Seiten jeweils etwa 4 Minuten in einer Pfanne erwärmen.

Die Bratlingsmischung können Sie in einem gut verschlossenen Behältnis bis zu 5 Tage im Kühlschrank aufbewahren.

Falafel-Bratlinge

Etwas traditionellere Falafel für all jene, die sich im Übergang
zu einer pflanzenbasierten Ernährung befinden.
Ergibt 8 Portionen (22-24 Falafel).

 Übergang    Glutenfrei (Option)    Proteinreich

Vorbereitungszeit: 15 Minuten
Sie brauchen: Mixer

► In einem mittelgroßen Kochtopf Linsen in 500 ml Wasser bissfest garen (etwa 10 Minuten). Abgießen, gleichmäßig auf einem Backblech verteilen und zum Abkühlen beiseitestellen.

► In einem Mixer die Hälfte der Kichererbsen zusammen mit der Zwiebel, dem Knoblauch und Zitronensaft glatt pürieren.

► Abgekühlte Linsen in eine große Schüssel geben. Kichererbsenmischung, restliche ganze Kichererbsen, Korianderbkätter, Petersilie, Semmelbrösel, Kumin, Koriandersamen, Paprikapulver und schwarzen Pfeffer miteinander vermischen. Mit den Händen verkneten und mit Salz abschmecken.

► Mischung zwischen den Handflächen zu 1 cm dicken Bratlingen mit etwa 5 cm Durchmesser formen.

► Pfanne erhitzen. Etwas Kokosnussöl hineingeben und die Bratlinge von beiden Seiten braten, bis sie leicht gebräunt sind (etwa 3 Minuten pro Seite).

Die Bratlingsmischung können Sie in einem gut verschlossen Behältnis bis zu 5 Tage im Kühlschrank aufbewahren.

200 g rote Linsen

500 g Kichererbsen (aus der Dose oder eingeweicht und gegart)

1 große Gemüsezwiebel, grob gehackt

1 Knoblauchzehe, zerdrückt

2 EL Zitronensaft

1 Handvoll frische Korianderblätter, gehackt

1 große Handvoll frische Petersilie, gehackt

150-200 g Semmelbrösel, frisch gerieben (Brot aus gekeimtem oder Vollkorn-Getreide verwenden)

2 EL Kumin, gemahlen

2 EL Koriandersamen, gemahlen

2 EL Paprikapulver

½ TL schwarzer Pfeffer, frisch gemahlen

Meersalz

Kokosnussöl zum Braten

Artischocken-Tapenade

Die hohe Nährstoffdichte der Artischocken und das an Chlorophyll reiche Basilikum
machen diese leckere Tapenade zu einem gesunden Aufstrich oder Gemüsedip.
Ergibt 500 ml.

 Glutenfrei

Vorbereitungszeit: 5 Minuten
Sie brauchen: 1 Mixer

80 g Pinienkerne

320 g Artischockenherzen aus der Dose,
abgetropft

2-3 große Basilikumblätter, in dünne
Streifen geschnitten

2 EL Zitronensaft, frisch gepresst

2 EL Avocadoöl

1 TL Salz oder nach Geschmack

1 Prise schwarzer Pfeffer, frisch
gemahlen

▶ Alle Zutaten in einen Mixer geben und mit dem Intervallprogramm
grob zerkleinern. Anschließend zu einer fast glatten, nur noch wenig
stückigen Tapenade pürieren.

In einem geschlossenen Behältnis im Kühlschrank bis zu 5 Tagen haltbar.

Saure Cashewsahne

Eine ebenso köstliche wie einfache
Alternative zur traditionellen sauren Sahne.
Ergibt 175 ml.

 Übergang   Roh    Glutenfrei

Vorbereitungszeit: 3 Minuten, **Sie brauchen:** 1 Mixer

130 g rohe Cashewkerne

2 TL Apfelessig

1 TL Zitronensaft

1 Msp. Meersalz

60 ml Wasser

▸ Cashewkerne in eine mittelgroße Schüssel geben
und mit kochendem Wasser übergießen. 30
Minuten beiseitestellen.

▸ Cashewkerne abgießen und in einen Mixer geben.
Essig, Zitronensaft, Meersalz und 60 ml Wasser
zugeben und schön glatt pürieren. (Bei Bedarf
noch ein wenig mehr Wasser zugießen.)

*In einem geschlossenen Behältnis im Kühl-
schrank bis zu 2 Wochen haltbar.*

Edamame-Hummus

Reich an Proteinen und sekundären
Pflanzenstoffen, ist dieser Hummus
der ideale Gemüsedip. Er ist auch
köstlich als Topping für Burger, deren
Nährwert er kräftig aufpeppt.
Ergibt 1 l.

 Glutenfrei    Proteinreich

Vorbereitungszeit: 6 Minuten, **Sie brauchen:** 1 Mixer

300 g geschälte Edamame-Bohnen (aufgetaut, falls
tiefgefroren)

160 g Kichererbsen (aus der Dose oder eingeweicht und
gegart)

½ Avocado, geschält, entkernt und gehackt

3 kleine Knoblauchzehen, fein gehackt

60 ml Tahini

60 ml Zitronensaft, frisch gepresst

30 ml Avocadoöl

Meersalz

Schwarzer Pfeffer, frisch gemahlen

125 ml Wasser

▸ Alle Zutaten in einen Mixer geben und mit dem
Intervallprogramm grob zerkleinern. Anschließend
zu einem glatten, cremigen Dip verrühren. (Ist er
zu dick, ein wenig Wasser hinzufügen.)

*In einem geschlossenen Behältnis im Kühl-
schrank bis zu 1 Woche haltbar.*

Guacamole mit Jalapeño und Limetten

Eine Guacamole mit Kick! Ideal als Topping für Burger oder als Gemüsedip.
Ergibt 750 ml.

 Glutenfrei

Vorbereitungszeit: 8-10 Minuten

▸ In einer großen Schüssel Avocados mit einer Gabel zerdrücken, bis sie fast glatt, aber auch noch ein wenig stückig sind. Restliche Zutaten unterrühren, bis alles gut vermischt ist.

In einem geschlossenen Behältnis im Kühlschrank bis zu 5 Tage haltbar.

2 reife Avocados, geschält, entkernt und grob gehackt

1 Jalapeño-Chilischote, Samen entfernt und fein gehackt

2 Frühlingszwiebeln, fein gehackt

1 große Handvoll frische Korianderblätter, in Stücke gezupft

4-5 frische Minzeblätter, in schmale Streifen geschnitten

2-3 EL Limetten- oder Zitronensaft, frisch gepresst

1 EL Hanf- oder Avocadoöl

Salz, grobes Meersalz oder rosafarbenes Himalaya-Salz

Schwarzer Pfeffer, frisch gemahlen

Gurken süß-sauer

Ideal als Beilage oder Topping für alle, die sich im Übergang befinden: pikante Gurken mit einem interessanten süßen Touch. Ergibt 750 ml (einschließlich Marinade).

 **GF** Glutenfrei

Vorbereitungszeit: 5 Minuten, **Sie brauchen:** 1 Mandoline, 1 Mixer

- 500 ml weißer Essig
- 60 g dunkler Rohrzucker
- 4 TL Paprikapulver
- 1 mittelgroße Gurke, diagonal in 3-5 mm dicke Scheiben geschnitten

▶ Essig, Zucker und Paprikapulver im Mixer gut verquirlen. Die Mischung sollte süß-sauer schmecken. Eventuell noch etwas Zucker zugeben, wenn Sie das Gefühl haben, sie sei nicht süß genug.

▶ Geschnittene Gurke in eine nicht aus Aluminium bestehende Schüssel geben und die Essigmischung darübergießen. Zudecken und in den Kühlschrank stellen. Vor Ablauf von 8 Stunden genießen.

Salsa aus Gurke, Papaya und Melone

Reich an Antioxidantien und würzig-frisch – damit schmeckt alles lecker! Ergibt 750 ml.

 R Roh   **GF** Glutenfrei

Vorbereitungszeit: 6-8 Minuten

- 150 g Salatgurke, geschält und gewürfelt
- 1/4 grüne Papaya, entkernt, geschält und gewürfelt
- 125 g Cantaloupe-Melone, entkernt, geschält und gewürfelt
- ½ mittelgroße Jalapeño-Chilischote, entkernt und fein gehackt
- 4-5 frische Minzeblätter, in feine Streifen geschnitten
- 1 Handvoll frische Korianderblätter, in Stücke gezupft
- 1 EL Avocado- oder Hanföl
- 2 EL Limettensaft, frisch gepresst
- 1 TL Agavennektar
- Meersalz und schwarzer Pfeffer, frisch gemahlen

▶ Alle Zutaten in eine große Schüssel geben, gut vermischen und mit Salz und Pfeffer abschmecken. Am besten sofort servieren.

Reste in einem fest verschlossenen Behältnis im Kühlschrank bis zu 1 Woche haltbar.

Salsa aus schwarzen Bohnen, Mais und Mango

Eine reizvolle Abwandlung des Texmex-Klassikers, schmackhaft und reich
an Proteinen. Passt gut zu frischem Gemüse oder auf einem Salat.
Ergibt 750 ml.

 Roh    Glutenfrei    Proteinreich

Vorbereitungszeit: 6-8 Minuten

▶ Alle Zutaten in eine große Schüssel geben, gut vermischen und mit Salz und Pfeffer abschmecken. Am besten sofort servieren.

Reste in einem geschlossenen Behältnis im Kühlschrank bis zu 1 Woche haltbar.

170 g schwarze Bohnen (aus der Dose oder eingeweicht und gegart)

1 Mango, entkernt, geschält und gewürfelt

2 frische Maiskolben, Kerne mit einem scharfen Messer heruntergeschnitten

1 mittelgroße, rote Zwiebel, fein gehackt

1 Handvoll frische Korianderblätter, in Stücke gezupft

3-4 frische Minzeblätter, in schmale Streifen geschnitten

2 EL Limettensaft, frisch gepresst

1 EL Avocado- oder Hanföl

1 TL Agavennektar

Meersalz und schwarzer Pfeffer, frisch gemahlen

Mango-Limetten-Minze-Dip

Ideal als Dip, aber auch als
Topping für Burger. Gibt genau
den richtigen Frischekick!
Ergibt 250 ml.

 Glutenfrei

---

1 Mango, entkernt, geschält und gewürfelt

3-4 Minzeblätter, in Stücke gezupft

Zesten einer halben Bio-Limette

1 EL Limettensaft, frisch gepresst

1 TL Rohrzucker

· ·

▶ Alle Zutaten in einen Mixer geben und auf
höchster Stufe glatt pürieren.

*In einem fest verschlossenen Behältnis im
Kühlschrank bis zu 1 Woche haltbar.*

Tahinisauce mit geröstetem Knoblauch

Eine cremige, wunderbar würzige
Sauce für alles, was einen
Aromaschub gebrauchen kann.
Ergibt 375 ml.

 Glutenfrei

---

Vorbereitungszeit: 4 Minuten
Sie brauchen: 1 Mixer

· ·

16 EL gerösteter Knoblauch (Rezept Seite 84)

250 ml Wasser

60 ml Tahini

2 EL Limettensaft, frisch gepresst

2 EL Apfelessig

1 ½ TL Agavennektar

½ TL Meersalz

1 Prise schwarzer Pfeffer, frisch gemahlen

· ·

▶ Alle Zutaten in einen Mixer geben und glatt
pürieren.

---

*In einem fest verschlossenen Behältnis im
Kühlschrank bis zu 1 Woche haltbar.*

Büffel-Sauce

Die buttrig-weiche Sauce ist optimal für den Übergang von einer traditionellen zur pflanzlichen Ernährung. Probieren Sie sie auf Burgern, im Wrap oder auf Ofenpommes. Ergibt 125 ml.

 Übergang    Glutenfrei

Vorbereitungszeit: 5 Minuten

125 ml rote Pfeffersauce

50 g vegane Margarine oder geschmolzenes Kokosnussmus (Seite 47)

1 Prise Meersalz

▶ In einer mittelgroßen Schüssel alle Zutaten mit dem Schneebesen gut verschlagen.

In einem fest verschlossenen Behältnis im Kühlschrank bis zu einer Woche haltbar.

Ranch-Sauce

Diese nährstoffreiche Variante des alten Klassikers macht sich gut auf Burgern und Sandwiches, ist aber auch ein perfekter Dipp. Ergibt 250 ml.

 Übergang    Glutenfrei

Vorbereitungszeit: 6 Minuten

250 ml vegane Mayonnaise mit Knoblauch

1 Frühlingszwiebel, fein gehackt

1 EL frische Petersilie, fein gehackt

1 ½ TL frischer Dill, fein gehackt

½ TL Kapern, fein gehackt

1 ½ TL Apfelessig

1 ½ TL Zitronensaft, frisch gepresst

Meersalz und schwarzer Pfeffer, frisch gemahlen

▶ In einer mittelgroßen Schüssel alle Zutaten mit dem Schneebesen gut verschlagen und mit Salz und Pfeffer abschmecken.

In einem fest verschlossenen Behältnis im Kühlschrank bis zu 1 Woche haltbar.

Pad Thai-Sauce

Die köstliche vegane Version ist vollgepackt mit Phytonährstoffen.
Ergibt 750 ml.

 Glutenfrei

Vorbereitungszeit: 5 Minuten
Sie brauchen: 1 Mixer

220 g feines Erdnussmus

130 g rohes Cashewmus

6 EL Ingwer, frisch, gehackt

2 EL Zitronengras, gehackt

2 mittelgroße Knoblauchzehen, gehackt

2 EL Tamari Sojasauce

1 EL Tamarindenpaste (optional)

250 ml Wasser

175 ml Apfelessig

125 ml Limettensaft (von etwa 6 Limetten), frisch gepresst

▶ Alle Zutaten in einen Mixer geben und auf niedriger Stufe grob vermischen. Anschließend auf höchster Stufe zu einer glatten, cremigen Sauce pürieren.

▶ Ist das Erdnussmus sehr dick, brauchen Sie eventuell noch etwas mehr Wasser.

In einem fest verschlossenen Behältnis im Kühlschrank bis zu 1 Woche haltbar.

Reuben-Dressing

Dieses herzhafte Dressing schmeckt hervorragend auf einem
Sandwich oder Burger – und natürlich auf einem Salat.
Ergibt 250 ml.

 Übergang    Glutenfrei

Vorbereitungszeit: 5 Minuten

▶ In einer mittelgroßen Schüssel alle Zutaten vermischen und
mit einem Schneebesen zu einer glatten, cremigen Sauce
verschlagen.

*In einem fest verschlossenen Behältnis im Kühlschrank bis zu
1 Woche haltbar.*

225 g vegane Mayonnaise mit Knoblauch

1 EL Schnittlauch, fein gehackt

1 ½ TL Zitronensaft, frisch gepresst

1 ½ TL Bio-Ketchup

1 TL vegane Worcestersauce

½ TL Meerrettich, gerieben

1 TL Agavennektar

1 Prise schwarzer Pfeffer, frisch gemahlen

Chipotle-Limetten-Aioli

Süß, sauer, herzhaft und pikant – diese Sauce deckt das gesamte Geschmacksspektrum ab. Außerdem sorgt sie für einen echten Nährstoff-Kick. Toll als Dip für rohes Gemüse oder gebackene Maischips.
Ergibt 500 ml.

 Übergang    Glutenfrei

Vorbereitungszeit: 5 Minuten

450 g vegane Mayonnaise mit Knoblauch

1 kleine Handvoll frische Korianderblätter, fein gehackt

1 ½ bis 2 ¼ TL Chipotle-Chili in Adobo-Sauce (aus dem Glas), fein gehackt

1 EL Limettensaft, frisch gepresst

1 TL Ahornsirup oder Kokosnussnektar

Meersalz und schwarzer Pfeffer, frisch gemahlen nach Belieben

▸ In einer mittelgroßen Schüssel alle Zutaten vermischen und mit einem Schneebesen zu einer glatten, cremigen Sauce verschlagen.

In einem fest verschlossenen Behältnis im Kühlschrank bis zu 1 Woche haltbar.

Wasabi-Aioli

Ein Energieschub für das Immunsystem. Toll als Dip, besonders gut mit Süßkartoffeln.
Ergibt 375 ml.

 Übergang    Glutenfrei

Vorbereitungszeit: 5 Minuten

450 g vegane Mayonnaise mit Knoblauch

1 TL Wasabipaste oder nach Geschmack

▸ In einer mittelgroßen Schüssel Aioli und Wasabipaste mit dem Schneebesen verschlagen, bis von der Paste keine Klümpchen mehr übrig sind.

In einem fest verschlossenen Behältnis im Kühlschrank bis zu 1 Woche haltbar.

Aioli mit geröstetem Knoblauch

Diese Aioli erweckt den das Immunsystem stärkenden Knoblauch zu einem besonders intensiven Aroma. Es passt gut zu Burgern und Sandwiches.
Ergibt 500 ml.

 Übergang    Glutenfrei

Vorbereitungszeit: 5 Minuten, **Sie brauchen:** 1 Hochleistungsmixer

450 g vegane Mayonnaise mit Knoblauch

16 EL gerösteter Knoblauch (Seite 84)

1 EL Meerrettich, gerieben

2 EL Zitronensaft, frisch gepresst

Meersalz und schwarzer Pfeffer, frisch gemahlen nach Beliebenr

▶ In einem Mixer die Hälfte der Mayonnaise mit den restlichen Zutaten vermischen und auf höchster Stufe cremig verrühren. Sollte die Mayonnaise zu dick zum Verschlagen sein, 2 EL Wasser hinzufügen.

▶ In einer mittelgroßen Schüssel die restliche Mayonnaise mit der bereits verschlagenen Mayonnaise so lange verrühren, bis alles gut vermischt ist.

In einem fest verschlossenen Behältnis im Kühlschrank bis zu 1 Woche haltbar.

Gelbes Curry-Aioli

Eine schmackhafte, nährstoffreiche Variante des klassischen Curry-Aioli, die gut zu Burgern passt, eine leichte Pizzasoße ergibt und auch zu Reis lecker schmeckt.
Ergibt 375 ml.

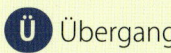 Übergang    Glutenfrei

Vorbereitungszeit: 5 Minuten

450 g vegane Mayonnaise mit Knoblauch

1 TL gelbe Currypaste

2-3 frische oder gefrorene Curryblätter, in schmale Streifen geschnitten

Zesten und Saft einer halben Limette

Meersalz und schwarzer Pfeffer, frisch gemahlen nach Belieben

▶ In einer mittelgroßen Schüssel alle Zutaten mit dem Schneebesen verschlagen, bis von der Paste keine Klümpchen mehr übrig sind.

In einem fest verschlossenen Behältnis im Kühlschrank bis zu 1 Woche haltbar.

Sandwiches, Wraps & Burger

Sandwich mit Avocado, Tomate und Salat

Ein Sandwich mit festem Platz auf der ewigen Bestenliste, denn es strotzt nur so vor guten Zutaten und köstlichen Aromen. Toastet man das Brot vorab mit einem Kontaktgrill, bleibt der Inhalt knackig und die Toastscheiben weichen nicht auf.
Ergibt 1 Sandwich.

 Übergang    Glutenfrei (Option)

Vorbereitungszeit: 5 Minuten
Sie brauchen: 1 Kontaktgrill oder 1 Grillpfanne

▶ Brotscheiben leicht zusammendrücken und auf den Außenseiten mit etwas nativem Kokosnussöl bestreichen. Im Kontaktgrill bei mittlerer Hitze rösten, bis sie goldbraun und leicht knusprig sind (3-4 Minuten).

▶ Brotscheiben auseinanderziehen, Edamame-Hummus auf die nicht getoastete Seite der einen Scheibe und Knoblauch-Aioli auf die nicht getoastete Seite der anderen Scheibe streichen. Avocado, Tomate, Tempeh und Blattsalat auf den Hummus legen. Zweite Brotscheibe darüberklappen. Sandwich diagonal in Hälften schneiden und mit den Dillgurken servieren.

Wenn Sie mögen, können Sie gern mehr Aioli mit geröstetem Knoblauch verwenden. Ich mache das auch und liebe es!

2 dicke Scheiben Sprossen- oder Vollkornbrot

Natives Kokosnussöl

1 EL Edamame-Hummus (Seite 89)

1 EL Aioli mit geröstetem Knoblauch (Seite 99)

1/4 reife Avocado, geschält, entkernt und in dünne Scheiben geschnitten

2 Scheiben Tomate

4 Scheiben geräucherter Tempeh, pro Seite 2-3 Minuten gegrillt

1 kleine Handvoll frischer Blattsalat

2 mittelgroße Dillgurken, der Länge nach geviertelt

Reuben-Sandwich

Dies ist eine vegane Version des berühmten New Yorker Klassikers – das ideale
Übergangsrezept für alle, die dabei sind, ihre Ernährung umzustellen. Mit
meinem Cashew-Cheddarkäse (Seite 44) schmeckt es sogar noch besser.
Ergibt 1 Sandwich.

 Übergang    Glutenfrei (Option)

Vorbereitungszeit: 6-8 Minuten
Sie brauchen: 1 Kontaktgrill oder 1 Grillpfanne

2 dicke Scheiben Sprossen- oder Vollkornbrot

Natives Kokosnussöl

1-2 EL Reuben-Dressing (Seite 97)

50 g veganer Mozzarella oder Cashew-Cheddarkäse (Seite 44), gerieben

1/4 reife Avocado, geschält, entkernt und in dünne Scheiben geschnitten

5-6 Scheiben Tempeh, pro Seite etwa 2-3 Minuten gegrillt

3 große, dünne, rote Zwiebelringe (optional)

45 g Sauerkraut

1 kleine Handvoll Babyspinat

2 große Dill-Gewürzgurken, der Länge nach geviertelt

▶ Brotscheiben leicht zusammendrücken und auf den Außenseiten mit etwas nativem Kokosnussöl bestreichen. Im Kontaktgrill bei mittlerer Hitze rösten, bis sie goldbraun und leicht knusprig sind (3-4 Minuten).

▶ Scheiben auseinanderziehen. Reuben-Dressing auf die nicht getoastete Seite der einen Scheibe streichen. Käse so auf die nicht getoastete Seite der anderen Scheibe legen, dass die gesamte Scheibe bedeckt ist. Durch das noch heiße Toast wird der Käse ausreichend geschmolzen.

▶ Avocado, Tempeh und Zwiebelringe (optional) auf dem Reuben-Dressing verteilen, danach mit Sauerkraut, Spinat und der zweiten Brotscheibe bedecken. Sandwich diagonal in Hälften schneiden und mit den Gurken servieren.

Green Sandwich

Knackige Frische und mit Mineralstoffen gespicktes Gemüse –
ein nahrstoffreiches Sandwich, wie es im Buche steht.
Ergibt 1 Sandwich.

 Glutenfrei    Super-Nährstoffdichte

Vorbereitungszeit: 5 Minuten
Sie brauchen: 1 Kontaktgrill oder 1 Grillpfanne

▶ Brotscheiben leicht zusammendrücken und auf den Außenseiten mit etwas nativem Kokosnussöl bestreichen. Im Kontaktgrill bei mittlerer Hitze rösten, bis sie goldbraun und leicht knusprig sind (3-4 Minuten).

▶ Brotscheiben vorsichtig auseinanderziehen, Edamame-Hummus auf die nicht getoastete Seite der einen Scheibe und Knoblauch-Aioli auf die nicht getoastete Seite der anderen Scheibe streichen. Zucchini, Gurken und Avocado darauf geben, mit dem Spinat und den Sprossen bedecken. Zweite Scheibe auflegen, Sandwich diagonal in Hälften schneiden und mit den Gurken servieren.

2 dicke Scheiben Sprossen- oder Vollkornbrot

Natives Kokosnussöl

1 EL Edamame-Hummus (Seite 89)

1 EL Aioli mit geröstetem Knoblauch (Seite 99)

3 Scheiben gegrillte Zucchini (Seite 82)

4-5 Scheiben Gurken süß-sauer (Seite 92)

½ reife Avocado, geschält, entkernt und in dünne Scheiben geschnitten

1 kleine Handvoll Babyspinat

1 kleine Handvoll Alfalfa-Sprossen

2 mittelgroße Dill-Gewürzgurken, der Länge nach geviertelt

Gegrilltes Sandwich mit Portobello-Pilzen und Tempeh

Die Zutaten zu diesem Sandwich punkten mit fleischiger Konsistenz und herzhaftem Geschmack – perfekt für alle, die an etwas traditionellere Sandwiches gewöhnt sind. Getreu der Thrive-Energie-Methode bekommt man gleichzeitig eine Riesenladung Nährstoffe mit.
Ergibt 1 Sandwich.

 Übergang    Glutenfrei (Option)    Proteinreich

Vorbereitungszeit: 5 Minuten
Sie brauchen: 1 Kontaktgrill oder 1 Grillpfanne

2 dicke Scheiben Sprossen- oder Vollkornbrot

Natives Kokosnussöl

2 EL Wasabi-Aioli (Seite 98)

½ TL Sriracha-Sauce (oder nach Belieben)

2-3 gegrillte Portobello-Pilze (Seite 81)

4 Scheiben Tempeh, von jeder Seite 2-3 Minuten gegrillt

½ reife Avocado, geschält, entkernt und in dünne Scheiben geschnitten

1 kleine Handvoll Babyspinat

1 mittelgroße Dill-Gewürzgurke, der Länge nach geviertelt

▶ Brotscheiben leicht zusammendrücken und auf den Außenseiten mit etwas nativem Kokosnussöl bestreichen. Im Kontaktgrill bei mittlerer Hitze rösten, bis sie goldbraun und leicht knusprig sind (3-4 Minuten).

▶ Brotscheiben vorsichtig auseinanderziehen und auf den nicht getoasteten Seiten mit Wasabi Aioli bestreichen. Auf eine der Scheiben zusätzlich je nach gewünschtem Schärfegrad Sriracha-Sauce geben. Mit Pilzen, Tempeh, Avocado und Spinat belegen. Zweite Brotscheibe aufdrücken, Sandwich diagonal in Hälften schneiden und mit den Gurken servieren.

Falafel-Wrap

Ein nahrhafter Wrap mit viel Grünzeug, Sprossen, Gemüse, Falafel und Edamame-Hummus.
Ergibt 1 Wrap.

 Glutenfrei (Option)    Super-Nährstoffdichte

Vorbereitungszeit: 8-9 Minuten
Sie brauchen: 1 Grillpfanne

1 Wrap aus gekeimtem oder Vollkorn-Getreide (Durchmesser 20 cm oder größer), auf Wunsch glutenfrei

2 EL Edamame-Hummus (Seite 89)

2 EL Tahinisauce mit geröstetem Knoblauch (Seite 94)

2 große Scheiben Tomate

1 große Dill-Gewürzgurke, der Länge nach geviertelt

3 rote Zwiebelringe

$1/8$ Salatgurke, gewürfelt

1 kleine Handvoll frische Petersilie, klein gezupft

1 kleine Handvoll Alfalfasprossen

1 kleine Handvoll Zwiebelsprossen

1 Handvoll gemischter, grüner Blattsalat

1 Zitronenspalte

3 Falafel-Bratlinge (Seite 87), pro Seite etwa 4 Minuten gegrillt

► Hummus und Tahini auf die Mitte des Wraps streichen. Tomatenscheiben, Gewürzgurkenviertel, Zwiebelringe, Salatgurkenwürfel, Petersilie, Alfalfa- und Zwiebelsprossen sowie Blattsalat gleichmäßig darüber verteilen.

► Zitronenspalte über dem Blattsalat auspressen und Falafel auflegen. Wrap aufrollen und dabei mit den Fingern fest zusammendrücken (allerdings nicht so fest, dass er reißt).

► Grillpfanne erhitzen. Wrap mit der „Naht" nach unten hineinlegen und einige Minuten warm werden lassen. Diagonal in Hälften schneiden und servieren.

Burrito-Wrap

Macht satt und liefert viele Ballaststoffe: Der aus der Texmex-Küche stammende
Burrito ist ein Geheimtipp für alle, die sich gut ernähren wollen und sich im
Übergang von einer eher traditionellen zur pflanzlichen Ernährung befinden.
Ergibt 1 Wrap.

 Übergang    Glutenfrei (Option)    Proteinreich

Vorbereitungszeit: 8-10 Minuten
Sie brauchen: 1 Grillpfanne

- ▶ In einer mittelgroßen Schüssel schwarze Bohnen, Mais, Koriander, Avocado und Limettensaft vermischen und mit Salz und Pfeffer abschmecken. Zur Seite stellen.
- ▶ In einer kleinen Schüssel Wildreis, Salsa, Kumin und Chipotle vermischen und beiseitestellen.
- ▶ Kokosnussöl bei mittlerer Hitze in einer Grillpfanne heiß werden lassen. Den klein geschnittenen ½ Schwarze-Bohnen-Bratling hineingeben und bei gelegentlichem Rühren goldbraun braten (4-5 Minuten).
- ▶ Reismischung gleichmäßig auf die Mitte des Wraps streichen. Gegrillten Bratling und die Bohnenmischung (ohne Flüssigkeit) darauf geben und gleichmäßig mit Raspelkäse oder Cashew-Cheddarkäse und Tomatenwürfeln bestreuen. Wrap aufrollen und dabei mit den Fingern fest zusammendrücken (allerdings nicht so fest, dass er reißt).
- ▶ Grillpfanne bei mittlerer Hitze heiß werden lassen. Burrito-Wrap mit der „Naht" nach unten hineinlegen und einige Minuten warm werden lassen. Diagonal in Hälften schneiden und servieren.

60 g schwarze Bohnen (aus der Dose), abgetropft

50 g Maiskörner

1 große Handvoll frische Korianderblätter, klein gezupft

½ große Avocado, geschält, entkernt und in mittelgroße Würfel geschnitten

2 EL Limettensaft, frisch gepresst

Meersalz und schwarzer Pfeffer, frisch gemahlen

100 g Wildreis, gekocht

3 EL Salsa (Seite 92 oder 93)

1 TL Kumin, gemahlen

1 TL Chipotle-Chili in Adobosauce (aus dem Glas), fein gehackt

1 EL natives Kokosnussöl

½ Schwarze-Bohnen-Bratling (Seite 85), klein geschnitten

1 Wrap aus gekeimtem oder Vollkorn-Getreide (Durchmesser 20 cm oder größer), auf Wunsch glutenfrei

50 g veganer Raspelkäse z. B „Wilmersburger Pizzaschmelz" oder Cashew-Cheddarkäse (Seite 44), gerieben

1 mittelgroße Tomate, fein gewürfelt.

Thai-Wrap

Von den traditionellen Aromen der thailändischen Küche inspiriert,
ist dieser Wrap reich an Mineralien und Chlorophyll und enthält
dazu zahlreiche entzündungshemmende Inhaltsstoffe.
Ergibt 1 Wrap.

 Roh    Glutenfrei (Option)    Super-Nährstoffdichte

Vorbereitungszeit: 6-8 Minuten
Sie brauchen: 1 Grillpfanne

▶ Chili- und Sriracha-Sauce auf die Mitte des Wraps streichen und mit Avocadoscheiben belegen. Bohnensprossen, Basilikum, Minze und Koriander darauf geben. Tempehscheiben mit etwa 2,5 cm Abstand diagonal nebeneinander darauf arrangieren.

▶ In einer mittelgroßen Schüssel asiatisches Gemüse, Limettensaft und Knoblauch-Mayonnaise (optional) gut miteinander vermischen und in der Mitte des Wraps verteilen. Wrap aufrollen und dabei mit den Fingern fest zusammendrücken (allerdings nicht so fest, dass er reißt).

▶ Grillpfanne bei mittlerer Hitze heiß werden lassen. Wrap mit der „Naht" nach unten hineinlegen und einige Minuten warm werden lassen. Diagonal in Hälften schneiden und servieren.

1 Wrap aus gekeimtem oder Vollkorn-Getreide (Durchmesser 20 cm oder größer), auf Wunsch glutenfrei

2 EL süße Chili-Sauce

1 TL Sriracha-Sauce (oder nach Belieben)

1/4 reife Avocado, geschält, entkernt und in dünne Scheiben geschnitten

1 kleine Handvoll Bohnensprossen

4-5 Blätter frisches Thai-Basilikum, klein gezupft

4-5 Blätter frische Minze, klein gezupft

8-10 Blätter frischer Koriander, klein gezupft

3 Scheiben Tempeh, von beiden Seiten je 2-3 Minuten gegrillt

150 g asiatisches Julienne-Gemüse (Seite 142)

1 EL Limettensaft, frisch gepresst

1 EL vegane Mayonnaise mit Knoblauch, optional

Chipotle-Quesadilla mit schwarzen Bohnen

Ein Texmex-Klassiker mit vielen guten Zutaten.
Ergibt 1 Quesadilla.

 Glutenfrei (Option)

Vorbereitungszeit: 8-10 Minuten

2 Tortillas aus gekeimtem oder Vollkorn-Getreide (Durchmesser 20 cm oder größer), auf Wunsch glutenfrei

2 EL Chipotle-Limetten-Aioli (Seite 98)

3 EL Salsa (Seite 92 oder 93)

3 Scheiben Tempeh, von beiden Seiten je 2-3 Minuten gegrillt (optional)

50 g veganer Raspelkäse z. B. „Wilmersburger Pizzaschmelz" oder Cashew-Cheddarkäse (Seite 44), gerieben

½ reife Avocado, geschält, entkernt und in dünne Scheiben geschnitten

1 mittelgroße Tomate, in Würfel geschnitten

50 g Maiskörner

8-10 dünne Scheiben Jalapeño-Chili, entkernt

1 große Handvoll Korianderblätter, klein gezupft

½ Limette

Meersalz und schwarzer Pfeffer, frisch gemahlen

▶ Ofen auf 180° vorheizen.

▶ 1 Tortilla auf ein Stück Backpapier legen. Gleichmäßig mit Chipotle-Limetten-Aioli bestreichen. Salsa darüber geben.

▶ Tempeh fein würfeln und gleichmäßig aufstreuen. Mit Käseraspeln oder Cashew-Cheddarkäse, Avocadoscheiben, Tomatenwürfeln, Maiskörnern, Jalapeño-Scheiben und Korianderblättern belegen. Etwas Limettensaft über die Füllung pressen und mit Salz und Pfeffer abschmecken. Zweite Tortilla darüberlegen und festdrücken, bis die Oberfläche einigermaßen glatt ist.

▶ Goldbraun backen (etwa 10 Minuten). In Viertel schneiden und servieren.

Buffalo-Burger

Dieser sättigende Burger steckt voller Energie und wertvoller Nährstoffe.
Ergibt 1 Burger.

 Übergang  Glutenfrei (Option)  Proteinreich

Vorbereitungszeit: 5 Minuten
Sie brauchen: 1 Grillpfanne

- ▶ Ofen auf 180° vorheizen.
- ▶ Kokosnussöl bei mittlerer Hitze in einer Grillpfanne erhitzen. Bratling von beiden Seiten 4-6 Minuten goldbraun braten.
- ▶ Brötchen halbieren. Die obere Hälfte mit Käse bestreuen und 3-4 Minuten backen, bis der Käse geschmolzen und die Brötchenhälfte leicht goldbraun geworden ist. Untere Brötchenhälfte mit der Ranch-Sauce bestreichen und mit der Büffel-Sauce beträufeln. Bratling, Zucchinischeiben, Paprikastreifen sowie Rucolablätter darauf geben und die obere Brötchenhälfte auflegen.

1 EL natives Kokosnussöl

1 Schwarze-Bohnen-Bratling (Seite 85)

1 Burger-Brötchen aus gekeimtem oder Vollkorn- Getreide

25 g veganer Raspelkäse z. B. „Wilmersburger Pizzaschmelz" oder Cashew-Cheddarkäse (Seite 44), gerieben

2 EL Ranch-Sauce (Seite 95)

1 EL Büffel-Sauce (Seite 95)

3 gegrillte Zucchinischeiben (Seite 82)

½ gerösteter roter Paprika, in dünne Streifen geschnitten

1 kleine Handvoll junge Rucolablätter

Burger mit Avocado, schwarzen Bohnen und Chipotle

Dieser beliebte Thrive-Energie-Burger liefert viel Geschmack, ohne auf wichtige Nährwerte zu verzichten. Für alle, die den Übergang von der traditionellen zur rein pflanzlichen Ernährung schaffen möchten, ist er ideal geeignet. Servieren Sie ihn auf Wunsch mit gebackenen Wurzelgemüse-Chips.

Ergibt 1 Burger.

 Übergang  Glutenfrei (Option)  Proteinreich

Vorbereitungszeit: 5 Minuten
Sie brauchen: 1 Grillpfanne

1 EL natives Kokosnussöl

1 Schwarze-Bohnen-Bratling (Seite 85)

1 Burger-Brötchen aus gekeimtem oder Vollkorn-Getreide

2 EL Chipotle-Limetten-Aioli (Seite 98)

25 g veganer Raspelkäse z.B. „Wilmersburger Pizzaschmelz" oder Cashew-Cheddarkäse (Seite 44), gerieben

2 Tomatenscheiben

½ reife Avocado, geschält, entkernt und in dünne Scheiben geschnitten

1 großes Blatt Romanasalat

► Ofen auf 180° vorheizen.

► Kokosnussöl bei mittlerer Hitze in einer Grillpfanne erhitzen. Bratling von beiden Seiten 4-6 Minuten goldbraun braten.

► In der Zwischenzeit Brötchen halbieren und mit den Schnittflächen nach oben auf ein Stück Backpapier legen. Die obere Brötchenhälfte mit Käse bestreuen und 3-4 Minuten backen, bis der Käse zu schmelzen beginnt. Dann die Chipotle-Limetten-Aioli auf die untere Brötchenhälfte streichen.

► Bratling auf die untere Brötchenhälfte legen, Tomaten- und Avocadoscheiben sowie das Salatblatt darauf geben und die obere Brötchenhälfte auflegen.

Portobello-Burger

Ein ganz einfacher, aber mineralreicher Burger mit fleischiger Konsistenz und erdiger Wärme.
Ergibt 1 Burger.

GF Glutenfrei (Option)

Vorbereitungszeit: 5-6 Minuten
Sie brauchen: 1 Grillpfanne, 1 Gemüsehobel

▶ Brötchen halbieren. Untere Hälfte gleichmäßig mit Edamame-Hummus und Sriracha-Sauce und die obere Hälfte mit Wasabi-Aioli bestreichen.

▶ Spinatblätter auf dem Hummus verteilen, dann erst Portobello-Pilz, Avocado- und Fenchelscheiben und zuletzt die obere Brötchenhälfte auflegen.

1 Burger-Brötchen aus gekeimtem oder Vollkorn-Getreide

1 EL Edamame-Hummus (Seite 89)

1 ½ TL Sriracha-Sauce (nach Belieben mehr oder weniger)

1 EL Wasabi-Aioli (Seite 98)

1 kleine Handvoll junge Spinatblätter

1 großer gegrillter Portobello-Pilz (Seite 81)

1/4 reife Avocado, geschält, entkernt und in dünne Scheiben geschnitten

3 papierdünn geschnittene Fenchelscheiben

Linsen-Kichererbsen-Burger mit gelbem Curry-Aioli

Voller Nährstoffe, voller Geschmack – dieser Burger besteht aus vielen guten Zutaten, die über Stunden sättigen, ohne müde zu machen. Toll für eine Mittagsmahlzeit, die dann den ganzen Nachmittag vorhält.
Ergibt 1 Burger.

 Glutenfrei (Option)    Proteinreich

Vorbereitungszeit: 5 Minuten
Sie brauchen: 1 Grillpfanne

1 EL natives Kokosnussöl

1 Rote-Linsen-Kichererbsen-Bratling
(Seite 86)

1 Burger-Brötchen aus gekeimtem oder
Vollkorn-Getreide

2 EL Artischocken-Tapenade
(Seite 88)

1 EL gelbe Curry-Aioli (Seite 99)

½ Avocado, geschält, entkernt und in
dünne Scheiben geschnitten

3 gegrillte asiatische
Auberginenscheiben
(Seite 81; optional)

¼ roter Paprika, in dünne Streifen
geschnitten

3-4 Salatblätter

▶ Kokosnussöl bei mittlerer Hitze in einer Grillpfanne erhitzen. Linsen-Kichererbsen-Bratling von beiden Seiten 4-6 Minuten goldbraun braten.

▶ Brötchen halbieren. Untere Hälfte gleichmäßig mit Artischocken-Tapenade und die obere Hälfte mit gelbem Curry-Aioli bestreichen. Linsen-Kichererbsen-Bratling, Avocado, Auberginenscheiben (optional), Paprikastreifen und Salatblätter auf die untere Brötchenhälfte verteilen und zuletzt die obere Brötchenhälfte auflegen.

Suppen

Suppe mit Kokosnuss, Zitronengras und Limettensaft

Diese herrlich duftende Suppe kombiniert die Aromen Thailands mit
nährstoffdichten Gemüsesorten wie Shiitake-Pilzen und roter Paprika.
Ergibt 6 bis 8 Portionen.

 Glutenfrei    Super-Nährstoffdichte

Vorbereitungszeit: 20 Minuten

► Sesam- und Olivenöl in einem großen Topf erhitzen
und Knoblauch, Zwiebel, Ingwer, Sellerie und
Pilze darin glasig dünsten (etwa 4-6 Minuten).
Gemüsebrühe und Kokosnussmilch angießen,
Chilis und Zitronengras zugeben. Mindestens 10
Minuten bei geringer Hitze köcheln lassen. Mit Salz
und Pfeffer abschmecken. Thai-Basilikumblätter
und Limettensaft zugeben und mit den roten
Paprikastreifen garniert servieren.

1 EL Sesamöl

1 EL Olivenöl

2 Knoblauchzehen, fein

½ rote Zwiebel, fein gehackt

1 EL frischer Ingwer, gehackt

1 Stängel Sellerie, fein gehackt

100 g Shiitake-Pilze, in dünne Scheiben geschnitten

375 ml Gemüsebrühe

800 ml Kokosnussmilch

2 kleine rote Chilis, fein gehackt

1 Stängel frisches Zitronengras, das obere Ende
abgeschnitten und der ganze Stängel zur Freisetzung der
Aromen kräftig geklopft

1 kleine Handvoll Thai-Basilikum

Saft einer Limette

Meersalz und schwarzer Pfeffer, frisch gemahlen

70 g roter Paprika, in sehr feine Streifen (à la Julienne)
geschnitten

Kalte Thai-Basilikumsuppe mit Wassermelone

Jede Menge Elektrolyten machen diese kalte Suppe zu einer
herrlichen Erfrischung. Ein echter Sommerhit!
Ergibt 6 Portionen.

 Glutenfrei    Super-Nährstoffdichte

Vorbereitungszeit: 15 Minuten
Sie brauchen: 1 Mixer, 1 feinmaschiges Sieb

1 mittelgroße Wassermelone, geschält und gewürfelt

1 EL Agavennektar (optional)

125 ml Limettensaft, frisch gepresst

8-10 frische Thai-Basilikumblätter, klein gezupft

8-10 frische Minzeblätter, klein gezupft

4 Handvoll Sonnenblumensprossen

30 g Enoki-Pilze

▶ Wassermelone und Agavennektar (optional) im Mixer glatt pürieren. (Je nach Größe des Mixgefäßes eventuell in mehreren Portionen.) Durch ein feinmaschiges Sieb in eine große Schüssel gießen. Feste Anteile verwerfen.

▶ Limettensaft, Basilikum und Minze einrühren und gut vermischen. 1 Stunde lang in den Kühlschrank stellen. Mit Sonnenblumensprossen und Enoki-Pilzen garniert servieren.

Chipotle-Mais-Suppe

Eine herrlich frische, würzige, durch und durch wärmende Suppe nach Thrive-Energie-Art.
Ergibt 8 Portionen.

 **GF** Glutenfrei

Vorbereitungszeit: 35 Minuten
Sie brauchen: 1 Pürierstab oder Mixer

▸ Kokosnussöl bei mittlerer Hitze in einem großen Topf erhitzen. Zwiebeln, Möhren, Sellerie, Knoblauch und etwas Salz hinzufügen. Unter gelegentlichem Rühren dünsten, bis die Zwiebeln glasig sind.

▸ Kartoffeln einrühren. Mit Salz und Pfeffer abschmecken. 6-7 Minuten weiterrühren und -dünsten. Mais und Chili, Gemüsebrühe, Kokosnussmilch sowie Brühwürfel einrühren und zum Kochen bringen. Sobald die Suppe kocht, Hitze herunterstellen und 15-20 Minuten leise köcheln lassen, bis die Möhren und Kartoffeln gar sind. Vom Herd nehmen.

▸ Die Suppe mit einem Pürierstab oder im Mixer grob pürieren, sodass sie noch leicht stückig ist. Noch einmal abschmecken und Kräuter einrühren. Mit Koriander und roten Paprikastreifen garniert servieren.

60 ml Kokosnussöl

200 g Zwiebeln, fein gehackt

150 g Möhren, fein gewürfelt

150 g Sellerie, fein gewürfelt

3-4 Knoblauchzehen, fein gehackt

Meersalz und schwarzer Pfeffer, frisch gemahlen, nach Belieben

2-3 große rote Kartoffeln, geschält und gewürfelt

1 kg frische Maiskörner (von etwa 10 Maiskolben)

2-3 EL Chipotle-Chili in Adobo-Sauce, fein gehackt (nach Belieben mehr oder weniger)

1,5 l Gemüsebrühe

500 ml Kokosnussmilch

2-3 vegane Brühwürfel

1 Bund Schnittlauch, gehackt

1 kleine Handvoll frische Petersilie, gehackt

Koriander, gehackt, zum Garnieren

70 g roter Paprika, in sehr feine Streifen (à la Julienne) geschnitten, zum Garnieren

Suppe mit Gurke,
Avocado und Minze

Suppe mit Möhren,
Avocado und Kokosnuss

Suppe mit Möhren, Avocado und Kokosnuss

Eine innovative Kombination sich wunderbar ergänzender Aromen.
Außerdem basenbildend und voller Mineralstoffe.
Ergibt 6 Portionen.

 Glutenfrei

Vorbereitungszeit: 20 Minuten
Sie brauchen: 1 Entsafter, 1 Mixer

1 reife Avocado, geschält und entkernt

1 kleine Knoblauchzehe, gehackt

4 mittelgroße Möhren, geschält und entsaftet

1 l Kokosnussmilch

2 TL Limettensaft, frisch gepresst

1 TL gelbe Currypaste

1 kleine Handvoll frische Korianderblätter, klein gezupft

Meersalz und schwarzer Pfeffer, frisch gemahlen

80 g geröstete Cashewkerne, grob gehackt

▶ In einen Mixer Avocado, Knoblauch, Möhrensaft, Kokosnussmilch, Limettensaft, Currypaste, die Hälfte der Korianderblätter sowie Salz und Pfeffer geben und glatt pürieren. Mit Cashewkernen und restlichen Korianderblättern garniert servieren

Suppe mit Gurke, Avocado und Minze

Eine sehr bekömmliche, einfache Suppe, die – besonders in der warmen Jahreszeit – frisch und cremig schmeckt.
Ergibt 6 Portionen.

 Glutenfrei

Vorbereitungszeit: 10 Minuten
Sie brauchen: 1 Zitruspresse, 1 Mixer

▶ Gurke, Avocado, Limettensaft und Knoblauch, ¾ der Minzeblätter, Kreuzkümmel, Korianderblätter, Pfeffer und Meersalz in einen Mixer geben und pürieren. Kokosnussmilch zugießen und gut untermixen, bei Bedarf noch etwas nachsalzen. Gut gekühlt in Suppenschalen servieren und mit einer Prise Chili und einigen Frühlingszwiebelringen bestreuen. Mit frischen Minzezweigen garnieren.

3 mittelgroße Gurken, geschält und grob gewürfelt

1 reife Avocado, geschält und entkernt

60 ml Limettensaft, frisch gepresst

1 kleine Knoblauchzehe, gehackt

1 kleine Handvoll frische Minzeblätter, klein gezupft (einige zum Garnieren beiseitelegen)

½ TL Kreuzkümmel, gemahlen

1 kleine Handvoll frische Korianderblätter, klein gezupft

Meersalz und schwarzer Pfeffer, frisch gemahlen

250 ml Kokosnussmilch

1 Prise Chilipulver

1 EL Frühlingszwiebelringe, zum Garnieren

Frische Minzezweige, zum Garnieren

Suppe mit Süßkartoffeln und rotem Paprika

Ein ausgewogenes Aroma und gesunde Kohlenhydrate machen diese Suppe zu einer köstlichen, stärkenden Mahlzeit.
Ergibt 6 bis 8 Portionen.

 Glutenfrei    Super-Nährstoffdichte

Vorbereitungszeit: 25 Minuten
Sie brauchen: 1 Pürierstab oder 1 Mixer

- Ofen auf 190 °C vorheizen.
- Süßkartoffeln und Zwiebeln auf ein Backpapier legen und mit etwas Traubenkernöl beträufeln. Mit Salz und Pfeffer würzen und mit einem Löffel mehrfach wenden, sodass Öl und Gewürze gleichmäßig verteilt sind. Etwa 20 Minuten im Ofen goldbraun rösten. Zur Seite stellen.
- Restliches Traubenkernöl bei mittlerer Hitze in einem Suppentopf erhitzen. Sellerie, Möhren sowie Knoblauch zugeben und mit Salz bestreuen. Geröstete Paprika und Süßkartoffel-Mischung einrühren und bei mittlerer Hitze etwa 10 Minuten garen.
- Gemüsebrühe und Kokosnussmilch zugießen und mit Salz und Pfeffer abschmecken. Zum Kochen bringen und die Suppe bei geringer Hitze ohne Deckel 15-20 Minuten leise köcheln lassen. Vom Herd nehmen.
- Mit einem Pürierstab oder im Mixer bis zur gewünschten Konsistenz pürieren. Noch einmal abschmecken und den größten Teil der Basilikumblätter einrühren (einige zum Garnieren zurückbehalten). Ein letztes Mal abschmecken und mit den restlichen Basilikumblättern garniert servieren.

2 große Süßkartoffeln, geschält und gewürfelt

100 g Zwiebeln, grob gehackt

60 ml Traubenkernöl

Meersalz und schwarzer Pfeffer, frisch gemahlen

125 g Staudensellerie, in dünne Streifen geschnitten

150 g Möhren, fein gewürfelt

3-4 Knoblauchzehen, fein gehackt

4 geröstete rote Paprika, grob gehackt

1-1,25 l Gemüsebrühe

250 ml Kokosnussmilch

1 große Handvoll frische Basilikumblätter, in feine Streifen geschnitten

Scharfe Miso-Suppe mit Pilzen

Eine Variante der in Asien sehr beliebten Suppe mit vielen Mineralien und dem klassischen Miso-Geschmack. Diese Suppe wirkt außerdem basenbildend.
Ergibt 6 Portionen.

 Glutenfrei    Super-Nährstoffdichte

Vorbereitungszeit: 15 Minuten

60 ml natives Kokosnussöl

200 g Zwiebeln, fein gehackt

125 g Lauch, in feine Streifen geschnitten

125 g Stangensellerie, fein gewürfelt

Meersalz und schwarzer Pfeffer, frisch gemahlen

2 Thai-Chilis (auf Wunsch entkernt), fein gehackt

3-4 Knoblauchzehen, fein gehackt

2 EL Limettensaft, frisch gepresst

2 EL Misopaste

1 EL Kreuzkümmel, gemahlen

1 EL Koriander, gemahlen

1 EL Paprikapulver

400 g Austernpilze, gewürfelt

200 g Enoki-Pilze, quer halbiert

1,5-2 l Gemüsebrühe

2-3 vegane Brühwürfel

1 TL Sriracha-Sauce (nach Belieben mehr oder weniger; optional)

3 Frühlingszwiebeln, fein gehackt, zum Garnieren

1 Handvoll Bohnensprossen, zum Garnieren

► Kokosnussöl bei mittlerer Hitze in einem Suppentopf erhitzen. Zwiebeln, Lauch, Sellerie und etwas Salz zugeben. Dünsten, bis die Zwiebeln glasig sind.

► Chilis, Knoblauch, Limettensaft und Misopaste einrühren. Mit Kreuzkümmel, Koriander, Paprikapulver, Salz und Pfeffer abschmecken. Austern- und Enoki-Pilze zugeben und unter häufigem Umrühren kochen, bis die Pilze weich sind und etwas von ihrem Saft abgegeben haben (etwa 3 Minuten).

► Gemüsebrühe und Brühwürfel zugeben und zum Kochen bringen. Sriracha-Sauce einrühren (optional) und bei niedriger Hitze etwa 15 Minuten köcheln lassen. Erneut abschmecken und bei Bedarf mehr Limettensaft, Sriracha-Sauce und/oder Salz zufügen, bis das gewünschte Gleichgewicht aus Säure und Schärfe erreicht ist. Mit Frühlingszwiebeln und Bohnensprossen garnieren.

Chili mit Süßkartoffeln, schwarzen Bohnen und Zuckermais

Ein im Südwesten der USA bekanntes und beliebtes Chili, herzhaft und sättigend.
Ergibt 6 Portionen.

 **GF** Glutenfrei (Option)

Vorbereitungszeit: 30 Minuten

- ▸ Süßkartoffeln in einen großen Topf geben, mit Salzwasser bedecken, zum Kochen bringen und fast fertig garen. Abgießen und in eine Schüssel mit Eiswasser geben, um den Kochprozess zu stoppen. Nochmals abgießen.

- ▸ In einem kleineren Kochtopf 2 EL Kokosnussöl erhitzen. Zwiebeln und 2 EL Knoblauch zugeben und unter gelegentlichem Rühren dünsten, bis die Zwiebeln glasig sind.

- ▸ Chilipulver und Kreuzkümmel einrühren und 2 Minuten mitkochen lassen. Süßkartoffeln, Tomaten, Mais, Bohnen, Koriander, Limettensaft und den größten Teil der Jalapeños zugeben (einen Teil zum Garnieren beiseitelegen) und ohne Deckel bei mittlerer Hitze 30 Minuten leise köcheln lassen. Ist die Masse zu dick, noch etwas Gemüsebrühe einrühren, bis die gewünschte Konsistenz erreicht ist.

- ▸ Etwa 10 Minuten vor dem Servieren den Ofen vorheizen und Brot auf einem mit Backpapier ausgelegten Backblech ausbreiten. Beide Seiten mit dem restlichen Kokosnussöl und dem restlichen Knoblauch bestreichen. Goldbraun backen und die Scheiben diagonal durchschneiden.

- ▸ Chili mit Salz und Pfeffer abschmecken.

- ▸ Jede Portion mit je einem Sechstel der Cashewsahne bestreichen und einem Sechstel des Käses bestreuen. Mit Schnittlauch und den restlichen Jalapeño-Stücken garnieren und mit dem Knoblauchbrot servieren.

500 g Süßkartoffeln, geschält und gewürfelt

4 EL natives Kokosnussöl

100 g Zwiebeln, fein gehackt

4 EL Knoblauch, fein gehackt

4 EL Chilipulver

3 EL Kreuzkümmel, gemahlen

600 g Strauchtomaten, geviertelt

600 g Maiskörner

800 g schwarze Bohnen aus der Dose, abgespült und abgetropft

1 große Handvoll frische Korianderblätter

125 ml Limettensaft

1-2 Jalapeño-Schoten, entkernt und fein gehackt

250 ml Gemüsebrühe

4 Scheiben Brot aus gekeimtem oder Vollkorn-Getreide

Meersalz und schwarzer Pfeffer, frisch gemahlen

150 g veganer Raspelkäse z. B. „Wilmersburger Pizzaschmelz" oder Cashew-Cheddarkäse (Seite 44), gerieben

175 ml saure Cashewsahne (Seite 89)

½ Bund Schnittlauch, in feine Röllchen geschnitten

Möhren-Ingwer-Suppe mit gerösteten Süßkartoffeln

Ein mineralstoffreicher Herbsthit, der die erdigen Aromen der Wurzelgemüse so richtig zum Strahlen bringt.
Ergibt 4 Portionen.

 Glutenfrei

Vorbereitungszeit: 25 Minuten
Sie brauchen: 1 Pürierstab oder Mixer

3 große Süßkartoffeln, geschält und gewürfelt

6-7 Knoblauchzehen, geschält

120 g Lauch, in feine Ringe geschnitten

5 große Möhren, geschält und gewürfelt

200 g Zwiebeln, gehackt

60 ml Traubenkernöl

Meersalz und schwarzer Pfeffer, frisch gemahlen

6-8 Zweige Thymian

125 g Stangensellerie, gewürfelt

5 cm frische Ingwerwurzel, geschält und gehackt

½ TL Muskatnuss, frisch gemahlen

500 ml Kokosnussmilch

1-1,5 l Gemüsebrühe

2-3 vegane Brühwürfel

1 kleine Handvoll frische Thymianblätter

- ▸ Ofen auf 190 °C vorheizen.
- ▸ Süßkartoffeln, Knoblauchzehen, Lauchringe, Möhrenwürfel und die Hälfte der Zwiebelwürfel auf einem mit Backpapier ausgelegten Backblech verteilen. Mit der Hälfte des Traubenkernöls beträufeln und mit Salz und Pfeffer würzen. Mit einem Löffel wenden, bis alles mit Öl bedeckt ist. Thymianzweige auf dem Gemüse verteilen und das Ganze 20 Minuten im Ofen backen, bis Kartoffeln und Möhren goldbraun gegart sind (zwischendurch einmal mit einem großen Löffel wenden). Thymianzweige entfernen.
- ▸ Restliches Traubenkernöl bei mittlerer Hitze in einem Suppentopf erhitzen. Sellerie, restliche Zwiebelwürfel und etwas Salz hinzufügen. Bei gelegentlichem Umrühren dünsten, bis die Zwiebeln glasig sind.
- ▸ Geröstetes Gemüse, Ingwer und Muskat zugeben. Kokosnussmilch zugießen (dabei, falls gewünscht, 2 EL zum Garnieren aufheben). Zum Kochen bringen, Gemüsebrühe und Brühwürfel einrühren, mit Salz und Pfeffer abschmecken und bei mittlerer Hitze 15-20 Minuten leise köcheln lassen. Vom Herd nehmen.
- ▸ Die Suppe mit einem Pürierstab oder Mixer pürieren, bis die gewünschte Konsistenz erreicht ist. Noch einmal abschmecken und den Thymian einrühren (einige Blätter zum Garnieren beiseitelegen).
- ▸ Einzelne Portion mit der zurückgestellten Kokosnussmilch beträufeln (optional) und den restlichen Thymianblättern bestreuen.

Eintopf aus geröstetem Fenchel, Kürbis und roten Kartoffeln mit Rotkohlsalat

Ein herzhaftes Gericht, bestens geeignet für den Herbst. Der Eintopf hält lange satt, ohne dass irgendwann die Energie absackt.
Ergibt 4 Portionen.

 Glutenfrei    Super-Nährstoffdichte

Vorbereitungszeit: 25 Minuten

- ▸ Ofen auf 180 °C vorheizen.
- ▸ In einer großen Schüssel Fenchel, Kürbis, Möhren, Knoblauch, Zwiebeln und rote Kartoffeln mit dem Öl vermischen und in einer Lage auf einem mit Backpapier ausgekleidetem Backblech verteilen. Thymian darauf verteilen. 30-40 Minuten im Ofen bissfest garen (zwischendurch einmal mit einem großen Löffel wenden).
- ▸ In einem großen Suppentopf Gemüsebrühe erhitzen, geröstetes Gemüse hineingeben und 25-30 Minuten leise köcheln lassen. Mit Meersalz und Pfeffer abschmecken.
- ▸ Während der Eintopf gart, den Rotkohlsalat zubereiten. Dafür in einer mittelgroßen Schüssel Thymian und Rotweinessig vermischen. Nach und nach das Öl zugießen und mit einem Schneebesen verschlagen, bis alles gut vermischt ist. Rotkohl gründlich unterziehen, sodass er ganz mit Vinaigrette bedeckt ist. 15 Minuten zur Seite stellen und mit Salz und Pfeffer abschmecken.
- ▸ Den Eintopf mit dem Salat bestreut und mit Petersilie garniert servieren.

Eintopf

250 g Fenchel, gehackt

250 g Butternuss-Kürbis, geschält und gewürfelt

250 g Möhren, gewürfelt

6-8 ganze Knoblauchzehen, geschält

200 g rote Zwiebeln, gehackt

350 g rote Kartoffeln, gewürfelt

60 ml Traubenkernöl

6-8 Zweige Thymian

1 l Gemüsebrühe

Meersalz und schwarzer Pfeffer, frisch gemahlen

1 große Handvoll frische Petersilienblätter, klein gezupft, zum Garnieren

Rotkohlsalat

4 Zweige Thymian, die Blätter fein gehackt

125 ml Rotweinessig

60 ml Traubenkernöl

250 g Rotkohl, in dünne Streifen geschnitten

Meersalz und schwarzer Pfeffer, frisch gemahlen

Salate & Dressings

Asiatischer Salat aus Gemüse à la Julienne

Immer eine gute Wahl: Ein Salat aus verschiedenen Gemüsesorten mit vielen Nährstoffen und viel Geschmack. Ein Gemüsehobel mit Julienne-Schneider ist praktisch und spart Zeit.
Ergibt 4-6 Portionen.

 Roh    Glutenfrei   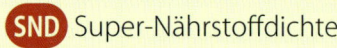 Super-Nährstoffdichte

Vorbereitungszeit: 25 Minuten

100 g Chinakohl, in sehr feine Streifen geschnitten

100 g Rotkohl, in sehr feine Streifen geschnitten

150 g Möhren, geschält und in sehr feine Streifen geschnitten

150 g Rettich, geschält und in sehr feine Streifen gestiftet

100 g Pak Choi, in sehr feine Streifen geschnitten

▶ In einer großen Schüssel alle Zutaten gut miteinander vermischen.

Großer grüner Salat

Dank der vielen Salat- und Sprossenarten gespickt mit gesundem Chlorophyll – grün, grüner, am grünsten!
Ergibt 1 Portion.

 Roh    Glutenfrei   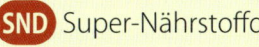 Super-Nährstoffdichte

Vorbereitungszeit: 15 Minuten

- ▶ In einer großen Servierschüssel Mischsalat und Spinat vermischen. Mit den Sprossen, Zuckerschoten, Gurkenwürfeln, Hanfnüssen, Sonnenblumenkernen und Croûtons bestreuen.

- ▶ Avocado auf dem Salat auffächern und das Ganze mit dem Gurken-Avocado-Dressing beträufeln. Die Jalapeño über den Salat streuen und ihn mit dem Hanföl beträufeln.

- ▶ Für eine leckere Variante 3 Falafel-Bratlinge (Seite 87) hinzugeben.

1 große Handvoll grüner Mischsalat

1 kleine Handvoll Babyspinat

150 g Sonnenblumensprossen

1 Handvoll Zuckerschoten, geputzt und längs in dünne Streifen geschnitten

100 g Salatgurke, gewürfelt

2 EL Hanfsamen, geschält

2 EL Sonnenblumenkerne

1 kleine Handvoll Knoblauch-Oregano-Croûtons (Seite 156)

1 Avocado, geschält, entkernt und in dünne Scheiben geschnitten

125 ml Gurken-Avocado-Dressing (Seite 157)

1 TL Jalapeño, fein gehackt

Etwas Hanföl

Avocado-Kelpnudelsalat

Die Kombination von Kelp und Miso sorgt für eine Fülle von Mineralstoffen und den typisch aslatischen Geschmack.
Ergibt 1 Portion.

 Roh    Glutenfrei   Super-Nährstoffdichte

Vorbereitungszeit: 15 Minuten
Sie brauchen: 1 Mixer, 1 feinmaschiges Sieb

▶ In einer großen Schüssel Spinat, Nudeln, Rotkohl und die Hälfte der Sesamsamen vermischen. Vinaigrette zugießen und den Salat mit einem großen Löffel gründlich wenden, sodass alle Zutaten mit Vinaigrette benetzt sind. Avocado unterheben und den Salat mit Salz und Pfeffer abschmecken (optional)).

▶ An einem Ende einer rechteckigen Platte etwas Wasabi-Aioli aufsetzen. Mit einem Salatbesteck den Salat auf dem anderen Ende der Platte möglichst hoch aufhäufeln. Mit Basilikumblättern und restlichen Sesamsamen bestreuen. Mit Nori-Algen und Limettenspalte garnieren.

▶ Jeden Biss mit ein wenig Aioli würzen.

1 Handvoll Babyspinat

80 g Kelpnudeln, abgespült

40 g Rotkohl, in dünne Scheiben geschnitten

½ TL weiße Sesamsamen

75-125 ml Sesam-Ingwer-Vinaigrette mit weißem Miso (Seite 159)

½ reife Avocado, geschält, entkernt und gehackt

Meersalz und schwarzer Pfeffer, frisch gemahlen (optional)

Etwas Wasabi-Aioli (Seite 98)

4-5 Blätter frisches Thai-Basilikum, in feine Streifen geschnitten

4 EL Nori-Alge, in dünne Streifen geschnitten

1 Limettenspalte zum Garnieren

Salat aus Rucolablättern, Roter Bete und asiatischer Birne

Die gesunden Inhaltsstoffe der Roten Bete fördern die Sauerstoffausnutzung im Körper. Dieser Salat mit seiner Frische und natürlichen Süße ist daher für alle sportlich aktiven Menschen ideal.
Ergibt 1-2 Portionen.

 Roh    Glutenfrei   **SND** Super-Nährstoffdichte

Vorbereitungszeit: 15 Minuten
Sie brauchen: 1 Gemüsehobel mit Julienne-Schneider

1 große Handvoll junge Rucolablätter

1 große Handvoll Endivienblätter, grob gehackt

½ mittelgroße asiatische (Nashi-) Birne (alternativ: Williams-Birne), entkernt und in hauchdünne Scheiben geschnitten

60-75 ml Himbeer-Basilikum-Balsamico-Vinaigrette (Seite 159)

Meersalz und schwarzer Pfeffer, frisch gemahlen

1 mittelgroße Rote Bete, in feine Stifte geschnitten (à la Julienne)

2-3 EL Walnüsse, grob gehackt

▶ In einer mittelgroßen Schüssel Rucola, Endivie und die Hälfte der Birnenscheiben vermischen. Vinaigrette zugießen und den Salat mit einem großen Löffel gründlich wenden, sodass alle Zutaten gut benetzt sind. Mit Salz und Pfeffer abschmecken.

▶ Salat in eine Servierschüssel oder auf eine Platte geben und mit Rote-Bete-Stiften und Walnüssen bestreuen. Zuletzt die restlichen Birnenscheiben auflegen und sofort servieren.

Salat mit Ingwer, Zitronengras und Erdnüssen

Dieser besonders frische Salat mit herrlichem Zitrusaroma ist wie geschaffen für einen heißen Sommertag. Außerdem wirkt er entzündungshemmend und verdauungsfördernd. Aufgrund seiner Nährstoffdichte kann er auch als eigenständige Mahlzeit dienen.
Ergibt 1 Portion.

 Glutenfrei    Super-Nährstoffdichte

Vorbereitungszeit: 12 Minuten
Sie brauchen: 1 Gemüsehobel mit Julienne-Schneider

1 große Handvoll grüner Mischsalat

1 große Handvoll asiatischer Salat aus Gemüse à la Julienne (Seite 142)

3-4 EL Pad Thai-Sauce (Seite 96)

1 EL Ingwer-Zitronengras-Vinaigrette (Seite 158)

5 EL Bohnensprossen

5-6 Kaiserschoten, geputzt und längs in dünne Streifen geschnitten

25 g roter Rettich, geschält und in dünne Stifte geschnitten (à la Julienne)

3 Scheiben Sesam-Knoblauch-Tempeh, von beiden Seiten je 2-3 Minuten gegrillt (optional)

3-4 EL Erdnüsse, geröstet

1 kleine Handvoll Erbsensprossen zum Garnieren

1 TL Sesamöl

Limettenspalte zum Garnieren

▶ In einer mittelgroßen Schüssel Blattsalat, asiatischen Salat und Pad Thai-Sauce mischen. Vinaigrette zugießen und den Salat mit einem großen Löffel gründlich wenden, sodass alle Zutaten gut benetzt sind.

▶ Salat in eine große Servierschüssel geben und mit Bohnensprossen, Kaiserschoten- und Rettichstiften bestreuen.

▶ Tempehscheiben stapeln, diagonal durchschneiden und neben den Salat legen (optional). Salat mit Erdnüssen und Erbsensprossen bestreuen. Mit Sesamöl beträufeln und der Limettenspalte garnieren.

Salat mit Wassermelone, Gurke und Erdbeeren

Ein allseits beliebter Sommersalat, erfrischend, Feuchtigkeit spendend und voller gesunder Antioxidantien.
Ergibt 1-2 Portionen.

 Glutenfrei    Super-Nährstoffdichte

Vorbereitungszeit: 6-8 Minuten
Sie brauchen: 1 Gemüsehobel

▶ In einer mittelgroßen Schüssel Minze, Limettensaft, Traubenkernöl und Agavennektar vermischen. Wassermelone, Gurke, Erdbeeren und Fenchel unterziehen. Mit Salz und Pfeffer abschmecken.

▶ Das Fenchelgrün nicht wegwerfen. Es schmeckt herrlich frisch und lässt sich sehr gut zum Garnieren verwenden.

1 kleine Handvoll frische Minzeblätter, klein gezupft

2 EL Limettensaft, frisch gepresst

2 EL Traubenkernöl

1 TL Agavennektar

125 g Wassermelone, in mundgerechte Stücke geschnitten

125 g Gurke, in mundgerechte Stücke geschnitten

75 g frische Erdbeeren, in dünne Scheiben geschnitten

25 g Fenchel, sehr dünn gehobelt

Meersalz und schwarzer Pfeffer, frisch gemahlen

Cäsarsalat mit Sprossen

Diese Variation des traditionellen Cäsarsalats ist genauso knackig und reichhaltig wie das Original, bringt aber zusätzlich auch noch alle Vorteile der pflanzlichen Küche mit. Ein idealer Übergangssalat für alle, die auf dem Weg zu einer rein pflanzlichen Ernährung sind.
Ergibt 1 Portion.

 Roh   Glutenfrei   **SND** Super-Nährstoffdichte

Vorbereitungszeit: 10 Minuten
Sie brauchen: 1 Grillpfanne

- ▸ Spinat, Romanaherzen und Gurke in eine große Schüssel geben. Cäsarsalat-Dressing unterziehen.
- ▸ Salat in eine Servierschüssel geben und mit Sprossen und Croûtons bestreuen.
- ▸ Tempehscheiben stapeln, in feine Streifen schneiden und neben den Salat legen (optional). Salat mit Avocadoöl beträufeln und mit Kapern garnieren.

1 Handvoll Babyspinat

3 Handvoll Romanasalat-Herzen, grob gehackt

100 g Salatgurke, geschält und gewürfelt

75-125 ml veganes Cäsarsalat-Dressing

1 Handvoll Sonnenblumensprossen

3-4 EL Knoblauch-Oregano-Croûtons (Seite 156)

3 Scheiben geräucherter Tempeh, pro Seite 2-3 Minuten gegrillt (optional)

etwas Avocadoöl

1 EL Kapern zum Garnieren

Salat aus gegrillten Kartoffeln

Ein Salat, von dem ein Holzfäller satt werden würde, und trotzdem angenehm frisch. Ein schönes Übergangsgericht für alle, die von der herkömmlichen zur rein pflanzlichen Ernährung wechseln wollen.
Ergibt 3-4 Portionen.

 Übergang    Glutenfrei

Vorbereitungszeit: 12 Minuten
Sie brauchen: 1 Grillpfanne

900 g Fingerling-Kartoffeln, rot oder farblich gemischt

60 ml natives Kokosnussöl, geschmolzen

Meersalz und schwarzer Pfeffer, frisch gemahlen

75 ml Aioli mit geröstetem Knoblauch (Seite 99)

1 EL Agavennektar

2 TL Rotweinessig

2 TL Zitronensaft, frisch gepresst

1 kleine Handvoll Babyspinat, gehackt

2 EL frische Petersilie, gehackt

2 Scheiben geräucherter Tempeh, pro Seite 2-3 Minuten gegrillt (optional)

1 Frühlingszwiebel, fein gehackt

25 g veganer Raspelkäse z. B. „Wilmersburger Pizzaschmelz" oder Cashew-Cheddarkäse, frisch gerieben (Seite 44)

► Kartoffel in einen großen Kochtopf geben und mit Wasser bedecken. Einige Prisen Salz dazugeben und zum Kochen bringen. Bei geringer Hitze etwa 15 Minuten garen, abtropfen und abkühlen lassen. Kartoffeln der Länge nach in Hälften schneiden.

► Grillpfanne bei mittlerer Hitze heiß werden lassen. Kartoffeln mit Kokosnussöl bestreichen und nach Belieben mit Salz und Pfeffer würzen. Kartoffeln pro Seite 5 Minuten grillen, bis sie leichte Grillstreifen haben.

► In einer großen Schüssel Aioli, Agavennektar, Rotweinessig und Limettensaft verrühren. Kartoffeln, Spinat und die Hälfte der Petersilie zugeben und gut vermischen. In eine Servierschüssel geben.

► Tempehscheiben (optional) stapeln und diagonal in Scheiben schneiden. Salat mit Frühlingszwiebeln, Tempeh, Käse und restlicher Petersilie bestreuen.

Quinoa-Taboulé-Salat

Die glutenfreie Variante eines traditionellen Rezepts, allerdings mit sehr viel mehr guten Nährstoffen. Die traditionelle Taboulé besteht aus Couscous, der ja aus normalem Weizen gemacht wird. Quinoa dagegen enthält etwa 20 Prozent mehr Protein, dafür aber kein Gluten, und lässt sich viel leichter verdauen als Weizen.
Ergibt 2-3 Portionen.

 Glutenfrei    Super-Nährstoffdichte

Vorbereitungszeit: 18 Minuten

- ▶ Den Boden eines mittelgroßen Topfes mit etwas Kokosnussöl ausstreichen und bei mittlerer Hitze heiß werden lassen. Quinoa einrühren und 1-2 Minuten andünsten. Wasser zugießen und zum Kochen bringen.
Bei geringer Hitze 15 Minuten köcheln lassen. Vom Herd nehmen und zugedeckt 5 Minuten durchziehen lassen. Mit einer Gabel auflockern, in eine große Schüssel geben und abkühlen lassen.

- ▶ In der Zwischenzeit einen weiteren mittelgroßen Kochtopf bei mittlerer Hitze heiß werden lassen. Restliches Kokosnussöl und die Zwiebeln zugeben. Unter häufigem Rühren dünsten, bis die Zwiebeln glasig sind (3-4 Minuten). Kreuzkümmel, Koriander, Paprikaflocken, Tomaten- und Paprikamark zugeben und bei gelegentlichem Rühren weitere 3-4 Minuten dünsten. Abkühlen lassen.

- ▶ Pastenmischung zur Quinoa geben und vorsichtig unterheben. Tomaten, Frühlingszwiebeln, Minzeblätter, Petersilie, Zitronensaft, Granatapfelsaft und Traubenkernöl unterziehen. Mit Salz und Pfeffer abschmecken und mit der Zitronenspalte garnieren.

60 ml natives Kokosnussöl

200 g Quinoa, abgespült und abgetropft

500 ml Wasser

1 Gemüsezwiebel, fein gehackt

2 EL Kreuzkümmel, gemahlen

1 EL Koriander, gemahlen

1 EL rote Paprikaflocken

1 EL Tomatenmark

1 EL Paprikamark

2 mittelgroße Tomaten, entkernt und gewürfelt

6 Frühlingszwiebeln, fein gehackt

5-6 frische Minzeblätter, klein gezupft

1 Bund frische Petersilie, fein gehackt

2 EL Zitronensaft, frisch gepresst

1 EL Granatapfelsaft, konzentriert

1 EL Traubenkernöl

Meersalz und schwarzer Pfeffer, frisch gemahlen

Zitronenspalte zum Garnieren

Knoblauch-Oregano-Croûtons

Einfach vorzubereiten und doch voller Aroma, verleihen diese
Croûtons jedem Salat ein Plus an Nährwerten und Biss. Wenn Sie
möchten, können Sie ein glutenfreies Brot verwenden.
Ergibt 350 g.

 Glutenfrei (Option)

Vorbereitungszeit: 5 Minuten

45 ml Traubenkernöl

1 EL Oregano, getrocknet

1 TL Knoblauchpulver

1 Prise Meersalz

6 Scheiben Brot aus gekeimtem
oder Vollkorn-Getreide, Ränder
abgeschnitten und gewürfelt.

▶ Ofen auf 150 °C vorheizen.

▶ In einer großen Schüssel Traubenkernöl, Oregano, Knoblauchpulver
und Meersalz verrühren, bis das Knoblauchpulver sich aufgelöst hat
und eine glatte Mischung entstanden ist. Brotwürfel unterziehen, bis
alles gleichmäßig bedeckt ist.

▶ Brotwürfel in einer Lage auf einem mit Backpapier ausgelegten Blech
ausbreiten. Im vorgeheizten Ofen backen, bis die Würfel trocken,
knusprig und goldbraun sind (etwa 10-12 Minuten). Dabei ein- bis
zweimal wenden. Auf dem Backblech abkühlen lassen.

▶ In einem offenen Behältnis bei Zimmertemperatur bis zu 1 Woche
haltbar.

Mandel-Chili-Sauce

Voller Aroma mit einem schönen Gleichgewicht zwischen süß und salzig. Das Mandelmus verleiht der Sauce eine angenehm cremige Konsistenz.
Ergibt 500 ml.

 Roh    Glutenfrei

Vorbereitungszeit: 5 Minuten,
Sie brauchen: 1 Hochleistungsmixer

2 Knoblauchzehen, geschält

2 rote Thai-Chilis, gehackt

1 EL Ingwer, geschält und gehackt

175 ml rohes Mandelmus (Seite 46)

375 ml Wasser

125 ml gewürzter Reisweinessig

60 ml Tamari-Sojasauce

▶ Alle Zutaten in einen Mixer geben und bei hoher Geschwindigkeit cremig pürieren.

In einem geschlossenen Behältnis im Kühlschrank bis zu 1 Woche haltbar.

Gurken-Avocado-Dressing

Eine clevere und zugleich schmackhafte Möglichkeit, Ihren Salat mit noch mehr Gemüse aufzupeppen.
Ergibt 500 ml.

 Roh    Glutenfrei

Vorbereitungszeit: 5 Minuten,
Sie brauchen: 1 Hochleistungsmixer

2 mittelgroße Salatgurken, geschält und grob gewürfelt

1 reife Avocado, geschält, entkernt und gewürfelt

2 große Handvoll frischer Korianderblätter

3 Knoblauchzehen, geschält

125 ml Zitronensaft, frisch gepresst

90 ml Traubenkernöl

90 ml gefiltertes Wasser

Salz und schwarzer Pfeffer, frisch gemahlen

▶ Alle Zutaten in einen Mixer geben und bei hoher Geschwindigkeit glatt und cremig pürieren.

In einem geschlossenen Behältnis bis zu 1 Woche im Kühlschrank haltbar. Das Salz ist wichtig, um alle anderen Aromen in diesem leichten, erfrischenden Dressing herauszubringen. Verwenden Sie deshalb ein Qualitätssalz wie rosafarbenes Himalayasalz.

Ingwer-Zitronengras-Vinaigrette

Rein und frisch – das perfekte
Dressing für jeden Sommersalat.
Ergibt 375 ml.

 Roh Glutenfrei
 Super-Nährstoffdichte

Vorbereitungszeit: 5 Minuten
Sie brauchen: 1 Hochleistungsmixer,
1 feinmaschiges Sieb

1 Handvoll frische Korianderblätter

1 ½ EL Zitronengras, grob gehackt

2 TL Agavennektar

½ TL frischer Ingwer, geschält und grob gehackt

175 ml gefiltertes Wasser

125 ml Limettensaft, frisch gepresst

60 ml Traubenkernöl

1 TL Tamari-Sojasauce

► Alle Zutaten in einen Mixer geben und bei
hoher Geschwindigkeit glatt pürieren. Dressing
durch ein feinmaschiges Sieb streichen, um die
Zitronengrasfasern aufzufangen.

*In einem geschlossenen Behältnis im Kühl-
schrank bis zu 3 Wochen haltbar.*

Zitronen-Vinaigrette

Dieses süße und geschmacklich
ausdrucksstarke Dressing ist ideal für alle,
die ihre Ernährung umstellen wollen und es
noch nicht gewöhnt sind, viel Salat zu essen.
Ergibt 250 ml.

 Roh Glutenfrei

Vorbereitungszeit: 5 Minuten,
Sie brauchen: 1 Hochleistungsmixer

125 ml gefiltertes Wasser

60 ml Zitronensaft, frisch gepresst

2 TL Agavennektar

60 ml natives Kokosnussöl, geschmolzen

► Wasser, Zitronensaft und Agavennektar in
einen Mixer geben, bei hoher Geschwindigkeit
verschlagen und dabei langsam und beständig das
Öl zugießen, bis eine glatte Vinaigrette entstanden
ist.

*In einem geschlossenen Behältnis im Kühl-
schrank bis zu 3 Wochen haltbar.*

Himbeer-Basilikum-Balsamico-Vinaigrette

Reich an Antioxidantien, süß und geschmackvoll – dieses Dressing ist für frische Sommersalate wie maßgeschneidert.
Ergibt 250 ml.

 Roh Glutenfrei
SND Super-Nährstoffdichte

Vorbereitungszeit: 5 Minuten,
Sie brauchen: 1 Hochleistungsmixer

1 große Medjool-Dattel, entsteint

4-5 frische Basilikumblätter, klein gezupft

120 g Himbeeren, frisch oder tiefgefroren

125 ml gefiltertes Wasser

60 ml Balsamicoessig

1 Prise schwarzer Pfeffer, frisch gemahlen

1 EL Agavennektar oder Ahornsirup

90 ml Traubenkernöl

▸ Alle Zutaten außer dem Traubenkernöl in einen Mixer geben, bei hoher Geschwindigkeit verschlagen und dabei langsam und beständig das Öl zugießen, bis eine glatte Vinaigrette entstanden ist.

In einem geschlossenen Behältnis im Kühlschrank bis zu 3 Wochen haltbar.

Sesam-Ingwer-Vinaigrette mit weißem Miso

Gesunde Variante eines asiatischen Klassikers. Passt gut zu Spinat – oder anderem grünen Blattsalat.
Ergibt 400 ml.

 Roh  Glutenfrei
 Super-Nährstoffdichte

Vorbereitungszeit: 5 Minuten,
Sie brauchen: 1 Hochleistungsmixer

1 Frühlingszwiebel, gehackt

1 Medjool-Dattel, entsteint

45 ml weiße Reis-Misopaste

175 ml gefiltertes Wasser

125 ml Orangensaft, frisch gepresst

45 ml gewürzter Reisessig

3 cm frischer Ingwer, geschält und grob gehackt

2 TL geröstetes Sesamöl (optional)

▸ Alle Zutaten in einen Mixer geben und bei hoher Geschwindigkeit glatt pürieren.

In einem geschlossenen Behältnis im Kühlschrank bis zu 3 Wochen haltbar.

Reis- & Nudelgerichte

Gelbe Erdnuss-Curryreis-Schale

Vollgepackt mit gesundem Gemüse, stellt dieses klassisch gewürzte, nährstoffreiche Curry selbst anspruchsvollste Genießerinnen und Genießer zufrieden. Die Zubereitung dauert ein bisschen, aber die kräftigen Aromen und die angenehme Konsistenz des leckeren Gerichts sind jede Mühe wert.
Ergibt 4 Portionen.

 Glutenfrei    Super-Nährstoffdichte

Vorbereitungszeit: 30-40 Minuten

▶ Einen kleinen Topf bei mittlerer Hitze heiß werden lassen und das Kokosnussöl darin schmelzen. Zwiebeln, Möhren, Sellerie, Zitronengras, Knoblauch und Ingwer zugeben und unter häufigem Rühren etwa 5 Minuten dünsten.

▶ Currypaste einrühren und weiterkochen lassen, bis sie geschmolzen und ganz mit den Gemüsen vermischt ist (etwa 5 Minuten). Limettenblätter, roten und grünen Paprika, Pak Choi und Maiskörner unterheben und 3-4 Minuten kochen. Erdnussmus einrühren und mitkochen, bis es sich ganz aufgelöst hat.

▶ Hitze reduzieren, Gemüsebrühe und Kokosnussmilch, Basilikumblätter, die Hälfte der Erdnüsse und den Vollrohrzucker zugeben und unter gelegentlichem Rühren etwa 15 Minuten sanft garen lassen. (Nicht zum Kochen bringen, weil die Kokosnussmilch sonst gerinnen könnte.)

▶ In großen Schalen mit Vollkornreis servieren und mit den Bohnensprossen bestreuen. Mit Erbsensprossen, gerösteten Erdnüssen und Limettenspalten garnieren.

60 ml natives Kokosnussöl

200 g Gemüsezwiebeln, gehackt

150 g Möhren, geschält und gewürfelt

125 g Staudensellerie, fein gewürfelt

2 EL Zitronengras, weichgeklopft und in dünne Scheiben geschnitten

1 EL Knoblauch, gehackt

1 EL frischer Ingwer, geschält und fein gehackt

2-3 EL gelbe Currypaste (oder nach Belieben)

6-8 Limettenblätter, frisch oder tiefgefroren

1 großer roter Paprika, gewürfelt

1 großer grüner Paprika, gewürfelt

125 g junger Pak Choi, geviertelt und gründlich gewaschen

300 g Maiskörner aus der Dose, abgetropft

125 g cremige Erdnussbutter

250 ml Gemüsebrühe

1600 ml Kokosnussmilch (vorzugsweise mit höherem Fettgehalt)

8-10 frische Thai-Basilikumblätter, klein gezupft

130 g Erdnüsse, geröstet und gehackt

2 EL Vollrohrzucker

200 g Vollkornreis, gekocht

1 Handvoll Bohnensprossen

4 kleine Handvoll Erbsensprossen zum Garnieren

4 Limettenspalten zum Garnieren

Grüne Thai-Curryreis-Schale

Mit ihrem traditionellen Geschmack nach grünem Curry hält diese köstliche Reisschale
aus ebenso ballast- wie nährstoffreichen Gemüsen stundenlang satt. Einen noch größeren
Nährstoffschub erhalten Sie, wenn Sie den Vollkornreis durch Wildreis ersetzen.
Ergibt 4 Portionen.

 Übergang    Glutenfrei   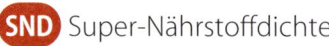 Super-Nährstoffdichte

Vorbereitungszeit: 30-40 Minuten

2 EL natives Kokosnussöl

200 g Gemüsezwiebel, fein gehackt

250 g Staudensellerie, fein gewürfelt

3 EL Zitronengras, weichgeklopft und in
dünne Scheiben geschnitten

1 EL Knoblauch, fein gehackt

1 EL Ingwer, geschält und fein gehackt

1 ½ TL bis 1 EL grüne Currypaste (oder
nach Belieben)

6-8 Limettenblätter, frisch oder
tiefgefroren

1 roter Paprika, fein gewürfelt

230 g chinesische Spargelbohnen,
in 5 cm lange Stücke geschnitten

100 g Kaiserschoten, geputzt

250 ml Gemüsebrühe

8-10 frische Thai-Basilikumblätter

8-10 frische Minzeblätter, klein gezupft

1600 ml Kokosnussmilch (vorzugsweise
mit höherem Fettgehalt)

200 g Vollkornreis, gekocht

1 Handvoll Bohnensprossen

4 kleine Handvoll Erbsensprossen zum
Garnieren

2 EL Sesamsamen zum Garnieren

4 Limettenspalten zum Garnieren

▶ Kokosnussöl in einem großen Topf bei mittlerer Hitze schmelzen. Zwiebel, Sellerie, Zitronengras, Knoblauch und Ingwer zufügen und unter häufigem Rühren 5-8 Minuten kochen.

▶ Currypaste einrühren und kochen, bis sie sich vollständig aufgelöst hat (etwa 5 Minuten). Limettenblätter, roten Paprika, Spargelbohnen, Kaiserschoten und Gemüsebrühe einrühren. Hitze reduzieren und 15 Minuten leise köcheln lassen.

▶ Basilikum- und Minzeblätter hinzufügen. Kokosnussmilch einrühren und unter gelegentlichem Rühren etwa 10 Minuten sanft garen lassen. Nicht zum Kochen bringen.

▶ In großen Schalen auf Vollkornreis servieren und mit Bohnensprossen bestreuen. Mit Erbsensprossen, Sesamsamen und Limettenspalten garnieren.

Rote Thai-Curryreis-Schale

Dieses mit zahlreichen Gemüsen vollgepackte Hauptgericht bezieht seinen
Reiz aus dem Zusammenspiel unterschiedlicher Konsistenzen und Aromen.
Es gehört zu meinen Lieblingsspeisen – nicht nur wegen seines wunderbaren
Geschmacks, sondern auch, weil es so schön leicht und doch sättigend ist.
Ergibt 4 Portionen.

 Glutenfrei    Super-Nährstoffdichte

Vorbereitungszeit: 30-40 Minuten

▸ In einem großen Topf bei mittlerer Hitze 30 ml und in einem mittelgroßen Topf bei mittlerer Hitze die restlichen 95 ml Kokosnussöl schmelzen lassen. Im großen Topf Zwiebel, Möhren, Sellerie, Zitronengras, Knoblauch und Ingwer bei häufigem Rühren etwa 5 Minuten dünsten.

▸ In der Zwischenzeit im mittelgroßen Topf die Aubergine garen, dabei vorsichtig im Öl wenden, bis sie goldbraun, aber noch nicht ganz weich geworden ist (etwa 10 Minuten). Mit einem Schaumlöffel herausnehmen und auf mehreren Lagen Küchenkrepp abtropfen lassen.

▸ Currypaste zur Zwiebelmischung geben und unter ständigem Rühren mitkochen, bis sie geschmolzen ist und sich ganz aufgelöst hat (etwa 5 Minuten). Aubergine, roten Paprika, Limettenblätter, Bambussprossen und Gemüsebrühe zugeben, Hitze reduzieren und etwa 15 Minuten leise köcheln lassen.

▸ Drei Viertel der Basilikumblätter und den Vollrohrzucker zugeben. Kokosnussmilch einrühren und sanft garen lassen, dabei gelegentlich umrühren (etwa 10 Minuten). Nicht zum Kochen bringen.

▸ In großen Schalen auf Vollkornreis servieren und mit Bohnensprossen und den restlichen Basilikumblättern bestreuen. Mit Erbsensprossen, Sesamsamen und Limettenspalten garnieren.

125 ml natives Kokosnussöl

200 g Gemüsezwiebel, gehackt

150 g Möhren, geschält und gewürfelt

250 g Staudensellerie, fein gewürfelt

2 EL Zitronengras, weichgeklopft und in dünne Streifen geschnitten

1 EL Knoblauch, gehackt

1 EL frischer Ingwer, geschält und fein gehackt

350 g Aubergine, in 1 cm große Würfel geschnitten

1-2 EL rote Currypaste (oder nach Belieben)

1 roter Paprika, gewürfelt

8 Limettenblätter, frisch oder tiefgefroren

350 g Bambussprossen aus der Dose, abgetropft

250 ml Gemüsebrühe

8-10 frische Thai-Basilikumblätter

2 EL Vollrohrzucker

1600 ml Kokosnussmilch (vorzugsweise mit höherem Fettgehalt)

200 g Vollkornreis, gekocht

1 Handvoll Bohnensprossen

4 kleine Handvoll Erbsensprossen zum Garnieren

2 EL Sesamsamen zum Garnieren

4 Limettenspalten zum Garnieren

Mittelöstliche Reisschale

Eine Hauptspeise, die lang anhaltende Energie gibt, ein köstliches
Mittag- oder Abendessen für alle mit großem Appetit.
Ergibt 1 Portion.

 Glutenfrei

Vorbereitungszeit: 10-15 Minuten

1 Handvoll junger Blattsalat

4-6 Scheiben Salatgurke (etwa 5 mm
dick), in Hälften geschnitten

1 TL natives Olivenöl extra oder
Hanföl

2 EL Zitronen-Vinaigrette (Seite 158)

Meersalz und schwarzer Pfeffer, frisch
gemahlen

200 g Vollkornreis, gekocht

1 kleine Handvoll
Sonnenblumenkerne

2 große Tomaten, in Scheiben
geschnitten

1 große Dillgurke, längs in Viertel
geschnitten

3 Falafel-Bratlinge, von jeder Seite
etwa 4 Minuten gegrillt (Seite 87)

2 dünne, rote Zwiebelringe

1 kleine Handvoll frische Petersilie,
klein gezupft

4 EL Edamame-Hummus (Seite 89)

5-8 EL Tahini-Sauce mit geröstetem
Knoblauch

▶ In einer mittelgroßen Schüssel Blattspinat, Gurke, Olivenöl, 1 EL
Vinaigrette sowie Salz und Pfeffer (nach Belieben) miteinander
vermischen.

▶ Reis auf die eine Seite einer großen Servierschale geben und den Salat
daneben anrichten.

▶ Den Salat mit den Sprossen bestreuen. Tomaten, Gurkenviertel und
Falafel auf den Reis geben. Falafel mit der restlichen Vinaigrette
beträufeln und mit Zwiebelringen und Petersilie garnieren.

▶ Mit Edamame-Hummus und Tahinisauce servieren.

*Für die Saucen kleine Auflaufförmchen verwenden, die das Dippen sehr viel
einfacher machen.*

Große grüne Curry-Kelpnudelschale

Ballaststoffreiche Gemüse und Kelpnudeln voller Mineralien
machen dieses Gericht so einzigartig
Ergibt 1-2 Portionen.

 Glutenfrei    Super-Nährstoffdichte

Vorbereitungszeit: 10 Minuten
Sie brauchen: 1 Entsafter, 1 Mixer, 1 Gemüsehobel mit Juliennescheibe oder Julienne-Gemüseschäler

▶ Für die Currysauce alle Zutaten in einen Mixer geben und bei hoher Geschwindigkeit glatt und cremig pürieren. Zur Seite stellen.

▶ Für die Nudelschale in einer mittelgroßen Schüssel asiatischen Gemüsemix, Bohnensprossen, Limettensaft, Sesamöl, Korianderblätter und den größten Teil der Basilikumblätter gründlich vermischen.

▶ Kelpnudeln in eine mittelgroße Schale geben und die Gemüsemischung darüberhäufeln (dabei das Ganze so hoch wie möglich aufstapeln). Die Currysauce am Rand der Schüssel hineingießen (Nudeln und Gemüse dabei möglichst nicht bewegen), bis die Nudeln und ein Teil des Gemüses in Sauce getaucht sind. (Es kann sein, dass Sie nicht die gesamte Sauce benötigen.) Das Gericht mit Rettichstiften, Avocadoscheiben, Cashewkernen, Sesamsamen und restlichen Basilikumblättern garnieren.

Currysauce

½ reife Avocado, geschält und entkernt

1 TL Zitronengras, gehackt

½ TL frischer Ingwer, geschält und gehackt

½ TL grüne Currypaste (oder nach Belieben)

500 ml Kokosnussmilch

60 ml Möhrensaft, frisch gepresst

Meersalz und schwarzer Pfeffer, frisch gemahlen, nach Belieben

Nudelschale

200 g asiatischer Gemüsemix à la Julienne (Seite 142)

1 kleine Handvoll Bohnensprossen

1 EL Limettensaft, frisch gepresst

1 TL Sesamöl

1 kleine Handvoll frische Korianderblätter, klein gezupft

1 kleine Handvoll frische Thai-Basilikumblätter, klein gezupft

100 g rohe Kelpnudeln, abgespült

60 g roter Rettich, in feine Stifte (à la Julienne) geschnitten, zum Garnieren

½ Avocado, geschält, entkernt und in dünne Scheiben geschnitten

40 g rohe Cashewkerne

1 EL Sesamsamen zum Garnieren

Pad Thai Reis-Nudel-Schale

Zahlreiche entzündungshemmende Inhaltsstoffe haben sich hier zusammengetan, um eine wahre Vielfalt köstlicher Aromen zu entfalten. Kelpnudeln bereichern diesen gesunden Mix sogar um noch mehr wertvolle Mineralstoffe und zudem um einen knackigen Biss.
Ergibt 1 Portion.

 Roh    Übergang

Vorbereitungszeit: 12 Minuten
Sie brauchen: 1 Gemüsehobel mit Julienneschneider oder Julienne-Gemüseschäler

---

60 g mittelgroße Reisnudeln, etwa 6 Minuten gekocht, abgegossen und abgekühlt, oder rohe Kelpnudeln, abgespült

200 g asiatischer Gemüsemix à la Julienne (Seite 142)

4-6 EL Pad-Thai-Sauce (Seite 96), oder nach Belieben

2 EL Ingwer-Zitronengras-Vinaigrette (Seite 158)

2 EL Mandel-Chili-Sauce (Seite 157)

3-4 EL Bohnensprossen

6-8 Kaiserschoten, geputzt und der Länge nach in dünne Streifen geschnitten

½ mittelgroßer roter Rettich, geschält und à la Julienne in feine Streifen geschnitten

3 EL geröstete Erdnüsse (oder rohe Cashewkerne), gehackt

6-7 frische Thai-Basilikumblätter, klein gezupft

4-5 Minzeblätter, klein gezupft

3 Scheiben Tempeh, pro Seite 2-3 Minuten gegrillt (optional)

½ reife Avocado, geschält, entkernt und in dünne Scheiben geschnitten

1 Handvoll Erbsensprossen zum Garnieren

2 Limettenspalten zum Garnieren

1 TL Sesamöl

▶ In einer mittelgroßen Schüssel Nudeln, asiatischen Gemüsemix, Pad-Thai-Sauce und 1 EL der Vinaigrette vermischen. Sanft wenden, bis alles gut benetzt ist.

▶ Nudelmischung in eine große Servierschale geben und mit Mandel-Chili-Sauce beträufeln (dabei das Ganze so hoch wie möglich aufstapeln). Mit Bohnensprossen, Kaiserschoten und Rettichstiften garnieren. Mit den gehackten Erdnüssen, Basilikum- und Minzeblättern bestreuen.

▶ Tempehscheiben stapeln und diagonal in Scheiben schneiden. Avocadoscheiben daneben fächerartig auslegen. Mit Erbsensprossen und Limettenspalten garnieren. Mit der restlichen Ingwer-Zitronengras-Vinaigrette und dem Sesamöl beträufeln.

Für eine rohköstliche Version Tempeh und Erdnüsse weglassen und rohe Kelpnudeln anstelle gekochter Reisnudeln verwenden. Achten Sie darauf, genug Pad-Thai-Sauce zu verwenden, sonst könnte die aus dem asiatischen Gemüsemix austretende Flüssigkeit den Geschmack verwässern.

Smoothies, frische Säfte & warme Drinks

Kokos-Limetten-Glück

Dieser luxuriöse Smoothie steckt voller guter Nährstoffe – ideal für alle, die sich noch im Übergang zu einer vollwertigen, pflanzenbasierten Ernährung befinden, aber auch für Sportlerinnen und Sportler, die täglich eine Stunde oder mehr trainieren.
Ergibt 550 ml.

 Übergang    Glutenfrei

Vorbereitungszeit: 2-3 Minuten
Sie brauchen: 1 Hochleistungsmixer

2 Limettenblätter, frisch oder tiefgefroren,

Zesten einer halben Limette

175 ml Kokosnusswasser

2 EL ungesüßte Kokosraspeln

2 EL Kokosnussmilch

1 EL Zitronengras, gehackt

1 Kugel veganes Kokos-Speiseeis (optional)

1 TL Agaven- oder Kokosnussnektar (falls Sie kein Kokos-Speiseeis verwenden)

150 g Eiswürfel

▶ Alle Zutaten außer den Eiswürfeln in einem Mixer mischen. Eiswürfel etwa 2,5 cm hoch auf die Flüssigkeit geben. Bei hoher Geschwindigkeit glatt und cremig pürieren.

Zitronen-Ingwer-Drink

Mit seinen antientzündlichen und basenbildenden Eigenschaften ist dieser Drink ebenso gesund wie lecker. Weil er mehr zerkleinerte Eiswürfel enthält, ist er in der Konsistenz dünner als die meisten Smoothies. Ergibt 550 ml.

 Roh   GF Glutenfrei

Vorbereitungszeit: 3-4 Minuten, **Sie brauchen:** 1 Hochleistungsmixer

3-4 frische Basilikumblätter

2,5 cm frischer Ingwer, geschält

125 ml Kokosnusswasser

60 ml Zitronensaft, frisch gepresst

2 EL Agaven- oder Kokosnussnektar (optional)

1 EL Vanilleextrakt

225 g Eiswürfel

▶ Alle Zutaten außer den Eiswürfeln in einem Mixer mischen. Eiswürfel etwa 5 cm hoch auf die Flüssigkeit geben. Bei hoher Geschwindigkeit glatt pürieren.

Tropische Brise

Tropische Aromen mit dem erfrischenden Geschmack von Zitronengras – eine perfekte Kombination. Ergibt 550 ml.

 Glutenfrei

Vorbereitungszeit: 3-4 Minuten, **Sie brauchen:** 1 Hochleistungsmixer

200 g Ananas, gewürfelt

Zesten einer halben Limette

1 EL Zitronengras, klein geschnitten

1 EL Agavennektar

2 EL ungesüßte Kokosraspeln

1 EL Kokosnussmus

2 EL Kokosnussmilch

175 ml Kokosnusswasser

150 g Eiswürfel

▶ Alle Zutaten außer den Eiswürfeln in einem Mixer mischen. Eiswürfel etwa 2,5 cm hoch auf die Flüssigkeit geben. Bei hoher Geschwindigkeit glatt und cremig pürieren.

Superfruchtige Sangria

Auch wer eigentlich keine „gesunden Getränke" mag, wird von dieser Sangria begeistert sein. Die perfekt ausbalancierten, einander ergänzenden Fruchtaromen sind einfach köstlich.
Ergibt 550 ml.

 Glutenfrei    Super-Nährstoffdichte

Vorbereitungszeit: 5 Minuten
Sie brauchen: 1 Hochleistungsmixer

▶ Alle Zutaten außer den Eiswürfeln in einem Mixer mischen. Eiswürfel etwa 2,5 cm hoch auf die Flüssigkeit geben. Bei hoher Geschwindigkeit glatt und cremig pürieren.

Falls Sie gefrorene Früchte nehmen, weniger Eiswürfel verwenden.

4-5 Erdbeeren, frisch oder gefroren

10 Himbeeren, frisch oder gefroren

80 g Blaubeeren, frisch oder gefroren

50 g Ananas, klein gewürfelt

2 frische Minzeblätter

Zesten einer halben Orange

Zesten einer halben Zitrone

Zesten einer halben Limette

2 EL Orangensaft, frisch gepresst

2 EL Zitronensaft, frisch gepresst

2 EL Limettensaft, frisch gepresst

2 EL Granatapfelsaft

2 EL Acaibeerensaft

6 EL Kokosnusswasser

2 EL Agavennektar oder Ahornsirup

1 EL Vanilleextrakt

150 g Eiswürfel

Erdbeer-Kiwi-Gaumenschmeichler

Dieser Smoothie ist fantastisch, wenn er mit frischen Früchten der Saison zubereitet wird. Mit gefrorenen Früchten schmeckt er aber auch im übrigen Jahr sehr gut. Fügen Sie das optionale Süßungsmittel hinzu, wenn Sie an diesem Tag schon ein Workout hinter oder noch eines vor sich haben, aber lassen Sie es eher weg, wenn Sie körperlich nicht aktiv sind.
Ergibt 550 ml.

 Roh   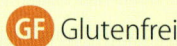 Glutenfrei

Vorbereitungszeit: 2-3 Minuten
Sie brauchen: 1 Hochleistungsmixer

150 g Erdbeeren, frisch oder tiefgefroren

200 g Kiwi, geschält und gewürfelt

1 großer Pfirsich, gewürfelt

175 ml Kokosnusswasser

4 TL Agavennektar oder Ahornsirup (optional)

150 g Eiswürfel

▶ Alle Zutaten außer den Eiswürfeln in einem Mixer mischen. Eiswürfel etwa 2,5 cm hoch auf die Flüssigkeit geben. Bei hoher Geschwindigkeit glatt und cremig pürieren.

Falls Sie gefrorene Früchte nehmen, weniger Eiswürfel verwenden.

Kokos-Cashew-Dattel-Energiespender

Lang anhaltende Energie in ihrer luxuriösesten Form: Dieser Smoothie ist ideal für alle Tage, an denen Sie sehr aktiv sind oder intensiv trainieren. Er ist reich an gesunden Kohlenhydraten, hochwertigen Fetten, elektrolytreichem Kokosnusswasser und Energie spendenden mittelkettigen Triglyceriden. Ergibt 550 ml.

 Übergang    Glutenfrei

Vorbereitungszeit: 3-4 Minuten
Sie brauchen: 1 Hochleistungsmixer

▶ Alle Zutaten außer den Eiswürfeln in einem Mixer mischen. Eiswürfel etwa 2,5 cm hoch auf die Flüssigkeit geben. Bei hoher Geschwindigkeit glatt und cremig pürieren.

Gefrorene Bananen machen den Smoothie cremiger. Falls Sie gefrorene Früchte nehmen, sollten Sie weniger Eiswürfel verwenden.

½ Banane, frisch oder tiefgefroren

6 Cashewkerne

1 EL rohes Cashewmus

1 EL getrocknete Kokosnuss, ungesüßt

1 EL entsteinte Medjool-Datteln, gehackt

1 TL Zitronengras, gehackt

1 Kugel veganes Kokos-Speiseeis (optional, aber an Tagen mit hartem Training empfehlenswert)

125 ml ungesüßte Mandelmilch (gekauft oder selbst gemacht, siehe Seite 43)

125 ml Kokosnusswasser

1 TL Vanilleextrakt

150 g Eiswürfel

Mango-Orangen-Drink

Fruchtig, reichhaltig und cremig – dieser klassische Smoothie ist ein echter Sommerliebling. Die Zugabe von etwas Orangen-Smoothie-Pulvermix stärkt das Immunsystem zusätzlich.
Ergibt 550 ml.

 Roh    Glutenfrei    Super-Nährstoffdichte

Vorbereitungszeit: 2-3 Minuten
Sie brauchen: 1 Hochleistungsmixer

1 Medjool-Dattel, entsteint

150 g Mango, frisch oder tiefgefroren, geschält und gewürfelt

90 ml Orangensaft, frisch gepresst

90 ml Mangosaft

2-3 EL ungesüßte Kokosraspeln

60 ml Kokosnusswasser

½ TL Orangen-Smoothie-Pulvermix (Seite 226)

150 g Eiswürfel

▶ Alle Zutaten außer den Eiswürfeln in einem Mixer mischen. Eiswürfel etwa 2,5 cm hoch auf die Flüssigkeit geben. Bei hoher Geschwindigkeit glatt und cremig pürieren.

Grünkohl-Mojito

Der chlorophyllreiche Grünkohl gehört zu den gesündesten Gemüsen überhaupt. In diesem erfrischenden Thrive-Energy-Smoothie kommen seine guten Eigenschaften gerade recht.
Ergibt 550 ml.

 Roh    Glutenfrei    Super-Nährstoffdichte

Vorbereitungszeit: 3-4 Minuten
Sie brauchen: 1 Hochleistungsmixer

▶ Alle Zutaten außer den Eiswürfeln in einem Mixer mischen. Eiswürfel etwa 5 cm hoch auf die Flüssigkeit geben. Bei hoher Geschwindigkeit pürieren. Einige kleine Grünkohl- und Minzestückchen werden sichtbar bleiben.

2 mittelgroße Grünkohlblätter, Stiele entfernt

1 Handvoll frische Minzeblätter

Zesten einer halben Limette

3 EL Limettensaft, frisch gepresst

150 ml Kokosnusswasser

2 EL Kokosnussnektar

225 g Eiswürfel

Superbeeren-Traum

Dieser an Antioxidantien reiche Smoothie ist ideal für alle, die körperlich aktiv sind. Perfekt ist er direkt nach dem Workout, um die durch die erhöhte Sauerstoffaufnahme entstandenen freien Radikale zu bekämpfen.
Ergibt 550 ml.

 Roh    Glutenfrei    Super-Nährstoffdichte

Vorbereitungszeit: 2-3 Minuten
Sie brauchen: 1 Hochleistungsmixer

1 Medjool-Dattel, entsteint

8 Himbeeren, frisch oder tiefgefroren

8 Cranberrys, frisch oder tiefgefroren

4 Erdbeeren, frisch oder tiefgefroren

40 g Blaubeeren, frisch oder tiefgefroren

1 EL Gojibeeren

½ TL Noni-Pulver (oder klein gezupfte Nori-Blätter)

125 ml Kokosnusswasser

60 ml Acaibeerensaft

60 ml Blaubeersaft

1 EL Vanilleextrakt

150 g Eiswürfel

▸ Alle Zutaten außer den Eiswürfeln in einem Mixer mischen. Eiswürfel etwa 2,5 cm hoch auf die Flüssigkeit geben. Bei hoher Geschwindigkeit glatt pürieren.

Falls Sie gefrorene Früchte nehmen, sollten Sie weniger Eiswürfel verwenden. Um diesen Drink noch nährstoffreicher zu machen, ersetzen Sie die Gojibeeren durch 1 Portion Vega One Nutritional Shake mit Beerengeschmack.

Luxuriöser Schokoladen-Mandel-Shake

Dies ist kein normaler Smoothie – es ist eine der reichhaltigsten und luxuriösesten Kreationen in diesem Kochbuch überhaupt. Als schnell zubereiteter Klassiker hat dieser Thrive-Energy-Smoothie schon vielen Mischköstlerinnen und -köstlern dabei geholfen, zu echten Fans der pflanzenbasierten Vollwertkost zu werden.
Ergibt 550 ml.

 Übergang   Roh    Glutenfrei    Super-Nährstoffdichte

Vorbereitungszeit: 2-3 Minuten
Sie brauchen: 1 Hochleistungsmixer

► Alle Zutaten außer den Eiswürfeln und Kakaonibs in einem Mixer mischen. Eiswürfel etwa 2,5 cm hoch auf die Flüssigkeit geben. Bei hoher Geschwindigkeit glatt pürieren. Mit Kakaonibs bestreuen.

Falls Sie gefrorene Früchte nehmen, sollten Sie weniger Eiswürfel verwenden.

Wenn Sie den Smoothie gern noch dicker und cremiger hätten, fügen Sie ¼ geschälte, entkernte, reife Avocado hinzu.

Um den Drink noch nährstoffreicher zu machen, ersetzen Sie Kakao- und Schokoladenpulver durch 1 Messlöffel Vega One Nutritional Shake mit Schokoladengeschmack.

1 Medjool-Dattel, entsteint

1 EL Kakaopulver

1 EL Gojibeeren

1 EL gemahlene Vanille oder Vanilleextrakt

1 EL Mandelmus (Seite 46)

¼ Avocado, geschält und entkernt (optional, macht das Getränk noch cremiger und sorgt für zusätzliche essenzielle Fettsäuren)

1 TL Super-Schokoladen-Pulvermix (Seite 227)

125 ml Kokosnusswasser

125 ml ungesüßte Mandelmilch, (gekauft oder selbst gemacht, siehe Seite 43)

1 EL Kokosnussnektar

150 g Eiswürfel

1 EL Kakaonibs

Cremiger Schokoladen-Avocado-Drink

Reichhaltig, cremig und sättigend – dieser köstliche Thrive-Energy-Drink
hält stundenlang vor, bei Kindern ebenso wie bei Erwachsenen.
Ergibt 550 ml.

 Übergang    Roh    Glutenfrei

Vorbereitungszeit: 3-4 Minuten
Sie brauchen: 1 Hochleistungsmixer

2 große Medjool-Datteln, entsteint

½ reife Avocado, geschält und entkernt

1 EL dunkle vegane Schokosplitter

1 EL Kakaonibs

1 EL Kakaopulver

1 EL rohes Cashewmus

125 ml Mandelmilch Schokolade
(gekauft oder selbst gemacht, siehe
Seite 43)

125 ml Kokosnusswasser

150 g Eiswürfel

▶ Alle Zutaten außer den Eiswürfeln in einem Mixer mischen. Eiswürfel
etwa 2,5 cm hoch auf die Flüssigkeit geben. Bei hoher Geschwindigkeit
glatt und cremig pürieren.

Schokoladen-Pfefferminz-Matchazauber

Cremig, schokoladig, minzfrisch und durch den an Pflanzenwirkstoffen reichen Grüntee doppelt gesund – eine echte Kaffeealternative, die mit anhaltender Energie versorgt.
Ergibt 550 ml.

 Übergang    Roh    Glutenfrei

Vorbereitungszeit: 3-4 Minuten
Sie brauchen: 1 Hochleistungsmixer

▶ Alle Zutaten außer den Eiswürfeln in einem Mixer mischen. Eiswürfel etwa 2,5 cm hoch auf die Flüssigkeit geben. Bei hoher Geschwindigkeit glatt und cremig pürieren.

2 große Medjool-Datteln, entsteint

½ Avocado, geschält und entkernt

4-5 frische Minzeblätter

1 EL Kakaonibs

1 EL dunkle vegane Schokoladensplitter

½ EL Matcha-Grünteepulver

6-7 Tropfen reiner Minzeextrakt

125 ml ungesüßte Mandelmilch (gekauft oder selbst gemacht, Seite 43)

125 ml Kokosnusswasser

1 EL Kakaopulver

150 g Eiswürfel

Himmlischer Pistaziendrink

Ein geschmacklich wahrhaft runder, cremiger Smoothie mit hochwertigen
Fetten. Beträufeln Sie ihn mit Lacuma-Karamellsauce, um ihn noch nahrhafter
zu machen und ihm die Qualität eines köstlichen Desserts zu geben.
Ergibt 550 ml.

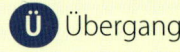 Übergang    Roh    Glutenfrei

Vorbereitungszeit: 3-4 Minuten
Sie brauchen: 1 Hochleistungsmixer

¼ Avocado, geschält und entkernt

65 g Pistazienkerne, ungesalzen

2 EL Kakaonibs

1 EL Medjool-Datteln, entsteint und
gehackt

1 TL Vanilleextrakt

200 ml ungesüßte Mandelmilch
(gekauft oder selbst gemacht, siehe
Seite 43)

1 EL Agavennektar

1 Prise Salz

150 g Eiswürfel

1 EL Lacuma-Karamellsauce (optional,
siehe Seite 224)

▶ Alle Zutaten außer den Eiswürfeln und der Karamellsauce in einem
Mixer mischen. Eiswürfel etwa 2,5 cm hoch auf die Flüssigkeit geben.
Bei hoher Geschwindigkeit glatt und cremig pürieren. Vor dem
Servieren mit Karamellsauce beträufeln (optional).

Vanille-Mandel-Mokka

Ein luxuriöser Energielieferant für Motivation und Ausdauer. Mit wertvollen
Fetten, Kakao und Kaffeebohnen. Ein Smoothie, der Sie am Laufen hält,
wenn Sie aktiv sind. Der Thrive-Energy-Favorit vor jeder Radtour.
Ergibt 550 ml.

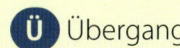 Übergang    Glutenfrei

Vorbereitungszeit: 3-4 Minuten
Sie brauchen: 1 Hochleistungsmixer

► Alle Zutaten außer den Eiswürfeln in einem Mixer mischen. Eiswürfel etwa 2,5 cm hoch auf die Flüssigkeit geben. Bei hoher Geschwindigkeit glatt und cremig pürieren.

Eine weniger koffeinhaltige Variante bereiten Sie ganz einfach mit koffeinfreiem Kaffee zu.

2 große Medjool-Datteln, entsteint

4 Kaffeebohnen (oder 15 ml starker Espresso)

1 EL Kakaonibs

1 EL dunkle vegane Schokoladensplitter

1 EL Vanillepulver oder -extrakt

1 EL Mandelmus (Seite 46)

1 TL Kakaobutter

175 ml ungesüßte Mandelmilch (gekauft oder selbst gemacht, siehe Seite 43)

60 ml Kokosnusswasser

150 g Eiswürfel

Thai-Avocado-Erfrischer

Ein einfacher, klassischer Smoothie mit frischem Geschmack – ideal
als leichter Snack mit Energieschub am Nachmittag.
Ergibt 550 ml.

 Roh    Glutenfrei

Vorbereitungszeit: 3-4 Minuten
Sie brauchen: 1 Hochleistungsmixer

½ Avocado, geschält und entkernt

2 große Medjool-Datteln, entsteint

1 EL Zitronengras, gehackt

1 EL Vanilleextrakt

125 ml ungesüßte Mandelmilch
(gekauft oder selbst gemacht, siehe
Seite 43)

125 ml Kokosnusswasser

150 g Eiswürfel

▶ Alle Zutaten außer den Eiswürfeln in einem Mixer mischen. Eiswürfel etwa 2,5 cm hoch auf die Flüssigkeit geben. Bei hoher Geschwindigkeit glatt und cremig pürieren.

Wenn Sie mögen, nutzen Sie den restlichen Zitronengras-Stiel als Verzierung. Er duftet herrlich frisch und spendet zusätzliches Aroma.

Frühstücks-Energiespender

Vollgepackt mit Nährstoffen, wird dieser Smoothie Sie den ganzen Vormittag über mit Energie versorgen. Er enthält langsam abbaubare Kohlenhydrate, essenzielle Fettsäuren und hochwertiges, basenbildendes Protein. Anders als traditionelle Frühstückszutaten lässt er sich leicht verdauen, wodurch weniger Blut zum Magen fließt und das Gehirn besser durchblutet bleibt. Die positive Folge: Sie können klarer denken und effizienter arbeiten. Die Ölmischung mit den essenziellen Fettsäuren können Sie weglassen, wenn Sie später am Tag Salat mit hochwertigem Öl essen.
Ergibt 550 ml.

 Übergang    Glutenfrei    Super-Nährstoffdichte

Vorbereitungszeit: 2–3 Minuten
Sie brauchen: 1 Hochleistungsmixer

▸ Alle Zutaten außer den Eiswürfeln in einem Mixer mischen. Eiswürfel etwa 2,5 cm hoch auf die Flüssigkeit geben. Bei hoher Geschwindigkeit glatt und cremig pürieren.

Falls Sie gefrorene Früchte nehmen, sollten Sie weniger Eiswürfel verwenden.

1 große oder 2 kleine Medjool-Datteln, entsteint und gehackt

½ große oder 1 kleine Banane, frisch oder tiefgefroren

80 g Blaubeeren, frisch oder tiefgefroren

30 g glutenfreie Haferflocken

1 EL Mandelmus (Seite 46)

1 TL Chia-Samen

1 Messlöffel Vega One Nutritional Shake Vanillegeschmack

125 ml Kokosnusswasser oder Blaubeersaft

125 ml ungesüßte Mandelmilch (gekauft oder selbst gemacht, siehe Seite 43)

1 EL Vega Ölmischung mit essenziellen Fettsäuren (optional)

150 g Eiswürfel

Großer Grüner Energiespender

Dieser basenbildende, antientzündliche Smoothie steckt voller Nährstoffe
und gehört zu den Frühstücksklassikern der Thrive-Energy-Diät.
Ergibt 550 ml

 Übergang    Glutenfrei    Super-Nährstoffdichte

Vorbereitungszeit: 5-6 Minuten
Sie brauchen: 1 Entsafter, 1 Hochleistungsmixer

½ Avocado, geschält und entkernt

3 mittelgroße Grünkohlblätter, Stiele
entfernt

1 Handvoll Spinatblätter

2 Medjool-Datteln, entsteint

½ Messlöffel Vega One Nutritional Shake
Vanillegeschmack

250 ml Kokosnusswasser

1 EL Weizengrassaft, frisch gepresst

1 EL Vanilleextrakt oder -pulver

¼ TL Chlorellapulver

150 g Eiswürfel

▶ Alle Zutaten außer den Eiswürfeln in einem Mixer
mischen. Eiswürfel etwa 2,5 cm hoch auf die
Flüssigkeit geben. Bei hoher Geschwindigkeit glatt
und cremig pürieren.

Schokosplitter-Vanille-Smoothie

Womöglich der köstlichste und zugleich sättigendste Thrive-Energy-Smoothie – erste Wahl für alle, die für die Kombination von Vanille und Schokolade schwärmen.
Ergibt 550 ml.

 Übergang    Glutenfrei

Vorbereitungszeit: 2-3 Minuten
Sie brauchen: 1 Hochleistungsmixer

▶ Alle Zutaten außer den Eiswürfeln in einem Mixer mischen. Eiswürfel etwa 2,5 cm hoch auf die Flüssigkeit geben. Bei hoher Geschwindigkeit glatt pürieren.

1 Medjool-Dattel, entsteint

1 EL Chiasamen

1 EL Mandelmus (Seite 46)

1 EL Kakaonibs

1 EL dunkle, vegane Schokoladensplitter

1 Messlöffel Vega One Nutritional Shake Vanillegeschmack

90 ml ungesüßte Mandelmilch (gekauft oder selbst gemacht, siehe Seite 43)

90 ml Kokosnusswasser

1 ½ TL Vanilleextrakt oder -pulver

150 g Eiswürfel

Chlorophyll-King

Ein basenbildendes Thrive-Energy-Elixier mit viel Chlorophyll, Mineralien, sekundären Pflanzenstoffen und natürlicher Süße aus Äpfeln und Birnen.
Ergibt 550 ml.

 Roh    Glutenfrei    Super-Nährstoffdichte

Vorbereitungszeit: 4-5 Minuten
Sie brauchen: 1 Entsafter

2 große Grünkohlblätter ohne Stiele

1 Handvoll Spinatblätter

¼ Salatgurke, ungeschält

1 großer Selleriestängel, geputzt

1 großer Apfel, ungeschält

1 Birne

¼ TL Chlorellapulver (optional)

1 EL Weizengrassaft (optional)

1 EL Zitronensaft, frisch gepresst

▸ Grünkohl- und Spinatblätter bei niedriger, Gurke, Selleriestängel, Apfel und Birne bei hoher Geschwindigkeit entsaften.

▸ Beide Säfte vermischen und Chlorellapulver einrühren (optional). Dabei darauf achten, dass keine Klümpchen entstehen. Weizengrassaft (optional) und Zitronensaft untermischen.

Weizengras und Chlorella sind beide reich an Chlorophyll und wirken deshalb antientzündlich. Der Zitronensaft harmonisiert nicht nur die Aromen, sondern fördert darüber hinaus auch gleich noch die Aufnahme von Chlorophyll.

Ingwerdrink

Rote Bete verbessert den Blutfluss, sodass die in diesem Drink enthaltenen Nährstoffe rasch aufgenommen werden und der Ingwer seine Wirkung entfalten kann. Er schenkt lang anhaltende Energie und ist ein perfekter Ersatz für Kaffee.
Ergibt 425 ml.

 Roh    Glutenfrei   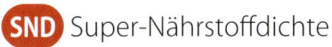 Super-Nährstoffdichte

Vorbereitungszeit: 4-5 Minuten
Sie brauchen: 1 Entsafter

▶ Rote Bete, Apfel, Möhre und Ingwer bei hoher Geschwindigkeit entsaften. Orangen- und Zitronensaft sowie Teepulvermix einrühren.

Bei Bedarf können Sie jederzeit mehr Ingwer verwenden. Meine Meinung: Je mehr, desto besser!

1 mittelgroße oder große Rote Bete, geschält

1 mittelgroßer oder großer Apfel, geschält

1 mittelgroße Möhre, geschält und der Länge nach halbiert

1 cm Ingwerwurzel, geschält

60 ml Orangensaft, frisch gepresst

1 EL Zitronensaft, frisch gepresst

½ TL Ingwer-Zitrustee-Pulvermix (Seite 226)

Grüne Kraftspritze

Nektarinen-Ananas-Perfektion
(aus weißen Nektarinen)

Aloe-Ingwer-Granatapfel-Shot

Ingwerdrink

Nektarinen-Ananas-Perfektion

Großes Grünes Kraftpaket

Eine schöne Kombination erfrischender Aromen und ein idealer Saft für die warmen Sommermonate, aber auch im übrigen Jahr einfach köstlich.
Ergibt 425 ml.

 Roh  Glutenfrei
 Super-Nährstoffdichte

Vorbereitungszeit: 3-4 Minuten
Sie brauchen: 1 Entsafter

1 großer, grüner Apfel, ungeschält
½ große oder 1 mittelgroße Gurke, ungeschält
120 g Fenchel, gehackt
2 TL Limettensaft

► Alle Zutaten bei hoher Geschwindigkeit entsaften.

Am besten schmeckt dieser Saft gut gekühlt.

Nektarinen-Ananas-Perfektion

Mit seiner belebenden Kombination frischer Aromen mit dem Enzym Papain aus der Ananas fördert dieser Drink die Verdauung.
Ergibt 425 ml.

 Roh  Glutenfrei

Vorbereitungszeit: 3-4 Minuten
Sie brauchen: 1 Entsafter

2 Nektarinen, entsteint und gehackt
400 g Ananas, gewürfelt
Saft einer Limette

► Nektarine und Ananas mit hoher Geschwindigkeit entsaften. Limettensaft einrühren. Köstlich, wenn gut gekühlt!

Amino-Supersprossen

Dieser erfrischende, an Aminosäuren und anderen wertvollen Nährstoffen überreiche Sprossendrink schenkt uns ein Hochgefühl, ohne das Adrenalin hochzutreiben.
Ergibt 550 ml.

 Roh  Glutenfrei  Super-Nährstoffdichte

Vorbereitungszeit: 3-4 Minuten
Sie brauchen: 1 Entsafter

250 g Sonnenblumensprossen

250 g Erbsensprossen

1 Handvoll frische Petersilie

½ große Salatgurke, ungeschält

½ Williams-Birne

2 Stängel Staudensellerie

2 EL Zitronensaft, frisch gepresst

▶ Sonnenblumensprossen, Erbsensprossen und Petersilie bei geringer, Gurke, Birne und Sellerie bei hoher Geschwindigkeit entsaften.

▶ Beide Säfte miteinander vermischen und Zitronensaft einrühren.

Superroter Tomatensaft

Eine besonders frische und gesunde Variante des Klassikers. Die Mineralstoffe aus der Sellerie helfen, die Elektrolyte wieder aufzustocken, den Bewegungsradius zu erweitern und die Muskelkontraktionen zu erleichtern.
Ergibt 425-500 ml.

 Roh    Glutenfrei    Super-Nährstoffdichte

Vorbereitungszeit: 3-4 Minuten
Sie brauchen: 1 Entsafter

1 große, reife Tomate

2 Stängel Staudensellerie

1 Möhre, geputzt und geschält

1/3 Salatgurke, ungeschält

1 EL Limettensaft, frisch gepresst

½ TL Bio-Worcestersauce (optional)

Fein gemahlenes rosafarbenes Himalayasalz und schwarzer Pfeffer, frisch gemahlen

▶ Tomate, Sellerie, Möhre und Gurke bei hoher Geschwindigkeit entsaften. Nach Belieben mit Limettensaft, Worcestersauce (optional), Salz und Pfeffer abschmecken.

Schön sieht es aus, wenn Sie den Rand des Glases mit Limetten und rosafarbenem Himalayasalz verzieren.

Birne-Ingwer-Zitronengras-Erfrischung

Basenbildend und erfrischend, hilft dieser Drink, Entzündungen
abzuwehren und Flüssigkeitsspeicher aufzufüllen.
Ergibt 425 ml

 Übergang    Glutenfrei

Vorbereitungszeit: 3-4 Minuten
Sie brauchen: 1 Entsafter

► Vom Zitronengras die unteren 15 cm abschneiden und grobe
äußere Blätter entfernen. Mit dem Griff eines großen Messers
auf das Zitronengras klopfen, um die Aromen freizusetzen.
Zitronengrasstängel beiseitelegen.

► Birnen, Apfel und Ingwer bei hoher Geschwindigkeit entsaften.
Saft in ein Glas gießen und mit dem Zitronengrasstängel
verrühren. Stängel im Glas lassen und 10-15 Minuten im
Kühlschrank durchziehen lassen.

1 Stängel Zitronengras

2 Birnen

1 Apfel, ungeschält

1 cm Ingwerwurzel

Falls gewünscht, mit einem Stück Ananas garnieren.

Rosa Wassermelonen-Grapefruit-Cooler

Einfach und erfrischend. Der perfekte Sommerdrink.
Ergibt 425 ml.

 Roh    Glutenfrei

Vorbereitungszeit: 3-4 Minuten
Sie brauchen: 1 Entsafter

1 kleine Handvoll frische Minzeblätter

250 g gekühlte Wassermelone, gewürfelt

1 rosa Grapefruit, geschält

▶ Minzeblätter mit Wassermelone und Grapefruit bei hoher Geschwindigkeit entsaften.

Aloe-Ingwer-Granatapfel-Shot

Ein Elixier, das die Verdauung fördert und den gereizten Magen beruhigt. Sie mögen ein wenig das Gesicht verziehen, wenn Sie ihn morgens gleich als Erstes kippen, aber das ist eine tolle Möglichkeit, den neuen Tag zu beginnen.
Ergibt 2 Shots, insgesamt 125 ml.

 **R** Roh **GF** Glutenfrei
SND Super-Nährstoffdichte

Vorbereitungszeit: 4-5 Minuten

2 EL Aloe-Vera-Saft (wenn möglich, aus einem ganzen Blatt)
1 EL Ingwersaft, frisch gepresst
1 EL reiner Granatapfelsaft

▶ Alle drei Säfte miteinander verrühren.

Grüne Kraftspritze

Die kräftige Dosis Chlorophyll und Mineralstoffe hält Entzündungen im Zaum. Am besten wirkt sie direkt nach einem Workout.
Ergibt 2 Shots, insgesamt 125 ml.

 **R** Roh **GF** Glutenfrei
SND Super-Nährstoffdichte

Vorbereitungszeit: 4-5 Minuten

1 EL frischer Weizengrassaft
1 EL frischer Petersiliensaft
1 EL frischer Sonnenblumensprossensaft
1 EL Zitronensaft, frisch gepresst

▶ Alle Zutaten zusammenrühren und sofort trinken.

Am besten gelingt die Mischung, wenn Sie das Weizengras nach und nach in den Entsafter geben.

Schokoladen-Trüffel-Karamell-Mokka

Eine nahrhafte Köstlichkeit mit Energiekick – diese Kombination von Zutaten
liefert sofortige und nachhaltige Energie – und ist dazu noch super köstlich.
Ergibt 375-425 ml.

 Übergang    Glutenfrei

Vorbereitungszeit: 3-4 Minuten
Sie brauchen: 1 Espressobereiter

► In einem großen Becher Lacumapulver, Kakaopulver,
Schokoladensauce, Karamellsauce, Vanille und Agavennektar
vermischen und zu einer Paste verrühren. Espresso zugießen
und die aufgeschäumte Mandelmilch darüber geben. Zur
Verzierung etwas zusätzliche Schokoladen- und Karamellsauce
im Zickzackmuster darüber träufeln.

*Zur weiteren Verzierung etwas Kakaopulver darüberstreuen –
sieht gut aus und schmeckt lecker.*

1 EL Lacumapulver

1 TL Kakaopulver

1 EL Schokoladensauce (Seite 225),
plus etwas mehr zum Verzieren

1 EL Lacuma-Karamellsauce (Seite 224),
plus etwas mehr zum Verzieren

1 TL Vanilleextrakt

1 TL Agavennektar

1-2 Portionen Espresso

250 ml ungesüßte Mandelmilch
(gekauft oder selbst gemacht, siehe Seite 43),
aufgeschäumt

Zimt-Mandel-Latte

Ein köstliches Mischgetränk, das den Blutzucker stabil hält.
Ideal für alle, die vom Kaffee weg wollen.
Ergibt 375-425 ml.

 Übergang    Glutenfrei

Vorbereitungszeit: 3-4 Minuten
Sie brauchen: 1 Espressobereiter

1 EL reiner Vanilleextrakt

1 TL Agavennektar

½ TL Latte-Gewürzmix (Seite 227)

1-2 Portionen Espresso

250 ml ungesüßte Mandelmilch
(gekauft oder selbst gemacht, siehe
Seite 43), aufgeschäumt

Zimtpulver oder gemahlene Muskatnuss
zum Garnieren

▶ In einem großen Becher Vanilleextrakt, Agavennektar und
Gewürzmischung zu einer Paste verrühren. Espresso zugießen und die
geschäumte Mandelmilch darübergießen. Zur Verzierung mit Zimt
oder Muskat – oder beidem! – bestreuen.

Heiße Schokolade mit Maya-Gewürzen

Wärmendes, die Nebennieren unterstützendes und wertstoffreiches Update eines Klassikers. Cayennepfeffer ist optional, aber empfehlenswert, weil er den Blutfluss verstärkt und dadurch die Aufnahme der Nährstoffe fördert.
Ergibt 375-425 ml.

 Glutenfrei   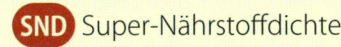 Super-Nährstoffdichte

Vorbereitungszeit: 3-4 Minuten
Sie brauchen: 1 Espressobereiter mit Aufschäumstab

► In einem großen Becher alle Zutaten außer der Kokosnuss- und Mandelmilch zu einer Paste verrühren. Kokosnussmilch zugießen, die geschäumte Mandelmilch darübergießen. Zur Verzierung etwas zusätzliche Schokoladensauce im Zickzackmuster darüber träufeln.

Zur weiteren Verzierung etwas Kakaopulver darüberstreuen.

1 EL Chili-Schokoladenpulver

1 EL Schokoladensauce (Seite 225), plus etwas mehr zum Garnieren

1 TL Kakaopulver

½ TL Macapulver

1 Prise Cayennepfeffer (optional)

2 EL heißes Wasser

1 TL Vanilleextrakt

1 TL Agavennektar oder Ahornsirup (oder Stevia, wenn Sie weniger Kohlenhydrate zu sich nehmen wollen)

½ TL Latte-Gewürzmix (Seite 227)

2 EL Kokosnussmilch

250 ml ungesüßte Mandelmilch (gekauft oder selbst gemacht, siehe Seite 43), aufgeschäumt

Vanilla-Mandel-Chai-Latte

Einfacher, wärmender Drink – perfekt für die kalte Jahreszeit.
Ergibt 375-425 ml.

 Glutenfrei

Vorbereitungszeit: 3-4 Minuten
Sie brauchen: 1 Espressobereiter mit Aufschäumstab

1 Teebeutel Chai

60 ml heißes Wasser

1 TL Vanilleextrakt oder gemahlene Vanille

½ TL Latte-Gewürzmix (Seite 227), plus etwas mehr zum Verzieren

½ TL Agavennektar oder Ahornsirup (oder Stevia, falls Sie weniger Kohlenhydrate zu sich nehmen wollen)

250 ml ungesüßte Mandelmilch (gekauft oder selbst gemacht, siehe Seite 43), aufgeschäumt

▶ Teebeutel in einen großen Becher geben, mit heißem Wasser begießen und 2-3 Minuten ziehen lassen. Vanilleextrakt oder -pulver, Latte-Gewürzmischung und Agavennektar einrühren. Teebeutel entfernen, aufgeschäumte Mandelmilch über den Chai geben und mit etwas Latte-Gewürzmischung bestäuben.

Zen Matcha Tee Misto

Diesen an Phytonährstoffen reichen Kaffeeersatz schlürfen
Thrive-Fans gern, ehe es zum Yoga geht.
Ergibt 425 ml.

 Glutenfrei    Super-Nährstoffdichte

Vorbereitungszeit: 3-4 Minuten
Sie brauchen: 1 Espressobereiter mit Aufschäumstab

▶ In einem großen Becher Matchapulver, Vanilleextrakt oder
-pulver und Agavennektar zu einer Paste verrühren. Heißes
Wasser zugeben und verrühren, bis sich alle Zutaten aufgelöst
haben. Aufgeschäumte Mandelmilch darüber geben und mit
etwas Matchapulver bestäuben.

1 EL Matchapulver, plus etwas mehr zum
Garnieren

1 TL Vanilleextrakt oder gemahlene Vanille

1 TL Agavennektar oder Ahornsirup (oder
Stevia, falls Sie weniger Kohlenhydrate zu
sich nehmen wollen)

60 ml heißes Wasser

250 ml ungesüßte Mandelmilch (gekauft
oder selbst gemacht, siehe Seite 43),
aufgeschäumt

Ingwer-Zitrus-Tee mit Saftschaum

Eine köstliche und erfrischende antientzündliche Kaffee-Alternative.
Ergibt 375-425 ml.

 Glutenfrei

Vorbereitungszeit: 5 Minuten
Sie brauchen: 1 Espressobereiter mit Aufschäumstab, 1 Entsafter

► Ingwer bei langsamer Geschwindigkeit entsaften. In einem großen Becher Ingwer-, Orangen- und Zitronensaft, Tee-Pulvermix, Vanilleextrakt oder -pulver und Agavennektar vermischen und aufschäumen (dabei aber nicht zum Kochen bringen). Heißes Wasser einrühren.

1 EL frischer Ingwer, gehackt (auf Wunsch auch mehr)

90 ml Orangensaft, frisch gepresst

45 ml Zitronensaft, frisch gepresst

1 TL Ingwer-Zitrustee-Pulvermix (Seite 226)

1 TL Vanilleextrakt oder gemahlene Vanille

½ TL Agavennektar oder Ahornsirup (oder Stevia, falls Sie weniger Kohlenhydrate zu sich nehmen wollen)

250 ml heißes Wasser

Lacuma-Karamellsauce

Eine angenehm weiche süße Sauce mit reichlich Vitaminen und Mineralstoffen für alle, die auf eine gesündere Kost umstellen möchten, ohne ihren Süßhunger völlig zu ignorieren. Ergibt 500 ml.

 Übergang  Glutenfrei

Vorbereitungszeit: 4-5 Minuten
Sie brauchen: 1 Hochleistungsmixer

175-250 ml warmes Wasser

300 g rohes Cashewmus

150 ml Agavennektar oder Ahornsirup

2 EL Lacumapulver

1 EL Vanilleextrakt oder gemahlene Vanille

1 Prise Meersalz

▸ Alle Zutaten in einem Mixer zu einer dickflüssigen Sauce mischen. (Bei Bedarf mehr Wasser zugeben.)

Am besten in einer Quetschflasche aufbewahren.

In einem geschlossenen Behältnis im Kühlschrank bis zu 3 Wochen haltbar.

Die Sauce wird in kaltem Zustand dicker, deshalb mindestens eine halbe Stunde vor Gebrauch aus dem Kühlschrank nehmen.

Schokoladensauce

Ein gesundes Update der klassischen Schokoladensauce, schnell zubereitet und mit guten Nährstoffen gespickt. Ein tolles Topping für Smoothies und Desserts.
Ergibt 500 ml.

 Roh    Übergang    Glutenfrei

Vorbereitungszeit: 5 Minuten

▸ Alle Zutaten in einem Mixer glatt rühren.

Hält sich im Kühlschrank 4-5 Tage.

130 g Kakaopulver

125 ml Kokosnussöl, geschmolzen

½ TL Meersalz

125 ml Agavennektar

3 EL Wasser

Orangen-Smoothie-Pulvermix

Stärkt Nebennieren und Immunsystem und wirkt Entzündungen entgegen. Ein Pulver mit einem tollen Nährstoffmix und einem schönen erdigen Aroma.

 Glutenfrei    Super-Nährstoffdichte

Vorbereitungszeit: 4 Minuten,
Sie brauchen: 1 Gewürzmühle

· ·

1 Teil Kurkuma

1 Teil Echinacea

1 Teil Maca

1 Teil Astralagus

· ·

▶ Alle Wurzeln in eine Gewürzmühle geben und zu einem feinen Pulver vermahlen. Falls Ihnen die Wurzeln bereits in Pulverform zur Verfügung stehen, einfach miteinander verrühren.

_____

In einem fest verschlossenen Behältnis an einem kühlen, trockenen Ort mehrere Monate haltbar.

Ingwer-Zitrustee-Pulvermix

Entzündungshemmend und die Abwehr stärkend – diese Mischung ist ein wahres Kraftpaket. Werten Sie mit ihr den Wirkstoffgehalt aller warmen Getränke auf.

 Glutenfrei    Super-Nährstoffdichte

Vorbereitungszeit: 4 Minuten,
Sie brauchen: 1 Gewürzmühle

· ·

1 Teil Astralagus

1 Teil Ginseng

1 Teil Echinacea

· ·

▶ Alle Wurzeln in eine Gewürzmühle geben und zu einem feinen Pulver vermahlen. Falls Ihnen die Wurzeln bereits in Pulverform zur Verfügung stehen, einfach miteinander verrühren.

_____

In einem fest verschlossenen Behältnis an einem kühlen, trockenen Ort etwa 4 Monate ohne Wirkstoffverlust haltbar.

Latte-Gewürzmix

In heiße Getränke gerührt, hilft dieses wirkstoffreiche Würzwunder bei der Stabilisierung des Blutzuckers.

 **GF** Glutenfrei

Vorbereitungszeit: 4 Minuten,
Sie brauchen: 1 Gewürzmühle

2 Teile Zimt

2 Teile Muskatnuss

1 Teil Gewürznelken

▶ Alle Zutaten in eine Gewürzmühle geben und zu einem feinen Pulver vermahlen. Falls sie Ihnen bereits in Pulverform zur Verfügung stehen, einfach miteinander verrühren.

In einem fest verschlossenen Behältnis an einem kühlen, trockenen Ort mindestens 4 Monate haltbar.

Super-Schokoladen-Pulvermix

Wenn es darum geht, die Funktion der Nebennieren wiederherzustellen, ist dieses schmackhafte Pulver durch nichts zu toppen.

 **GF** Glutenfrei    **SND** Super-Nährstoffdichte

Vorbereitungszeit: 4 Minuten,
Sie brauchen: 1 Gewürzmühle

1 Teil Reishi-Pilz

1 Teil Zimt

1 Teil Yerba Mate

1 Teil Ginseng

1 Teil Maca

▶ Alle Zutaten in eine Gewürzmühle geben und zu einem feinen Pulver vermahlen. Falls sie Ihnen bereits in Pulverform zur Verfügung stehen, einfach miteinander verrühren.

In einem fest verschlossenen Behältnis an einem kühlen, trockenen Ort lange haltbar. Legen Sie sich also ruhig einen Vorrat an.

Desserts

Buchweizen-Schokoladenchip-Cookies

Die Cookies in diesem Kapitel, ebenso wie die Pekan-Riegel auf Seite 239,
sollen Ihnen beim Übergang von konventionellen Süßigkeiten und Desserts auf
solche mit höherem Nährstoffgehalt helfen. Später können Sie dann zu Rohkost-
Desserts wie Nuss-Samen-Muffins (Seite 243), Schichttorte mit Cashewcreme und
Schokoladenmousse (Seite 252) und Himbeer-Granatapfel-Schokoladen-Tarte
(Seite 248) übergehen. Ich habe Menschen erlebt, die nach mehreren Jahrzehnten
Standardkost zu schnell auf eine vollwertige Frischkost umsteigen wollten, was für
ihren Körper einfach zu viel auf einmal war. Süßes Gebäck wie diese Cookies können
meiner Erfahrung nach sehr gut als Brücke hin zu einer besseren Ernährung dienen.
Ergibt 14 Cookies.

 Übergang    Glutenfrei

Vorbereitungszeit: 6 Minuten
Sie brauchen: 1 Rührmaschine

4 TL Chiasamen

45 ml Wasser

225 g vegane Margarine

255 g veganer Rohrzucker

375 g Buchweizenmehl

1 TL Backsoda

1 TL Meersalz

1 TL Zimt

160 g dunkle vegane
Schokoladenchips

50 g Walnüsse, gehackt

▸ Ofen auf 180 °C vorheizen. Backblech mit Backpapier auslegen.

▸ Chiasamen und Wasser in einer kleinen Schüssel verrühren und im
Kühlschrank quellen lassen.

▸ In der Zwischenzeit Margarine und Zucker (nicht zu lange) cremig
rühren. Chiamischung zugeben und untermischen.

▸ Mehl, Backsoda, Salz und Zimt verrühren, zur Margarinemischung
geben und (wiederum nicht zu lange) verrühren. Schokoladenchips
und Walnüsse unterziehen.

▸ Mit einem Eisportionierer Teigkugeln abnehmen und im Abstand von
etwa 5 cm auf das Backpapier setzen. Mit der Hand oder Gabel leicht
flach drücken.

▸ 15 Minuten backen (nach der Hälfte der Backzeit das Backpapier
einmal um 180 Grad drehen), bis die Cookies sich fest anfühlen.
Auf dem Backblech vollständig abkühlen lassen.

*Werden Margarine und Zucker zu cremig gerührt, kann es passieren, dass der
Teig auf dem Blech verläuft.*

Buchweizen-Amaranth-Studentenfutter-Cookies

Ein weiteres leckeres Rezept für alle, die gesündere Essgewohnheiten anstreben. Diese Cookies enthalten Maca, das dabei helfen kann, den Cortisolspiegel zu senken und damit den Süßhunger zu reduzieren.
Ergibt 14 Cookies.

 Übergang    Glutenfrei

Vorbereitungszeit: 8 Minuten
Sie brauchen: 1 Rührmaschine

- ► Ofen auf 180 °C vorheizen. Backblech mit Backpapier auslegen.
- ► Chiasamen und Wasser in einer kleinen Schüssel verrühren und im Kühlschrank quellen lassen.
- ► In der Zwischenzeit Margarine und Zucker (nicht zu lange) cremig rühren. Chiamischung zugeben und kurz untermischen.
- ► Buchweizen- und Amaranthmehl, Backsoda, Salz und Macapulver verrühren, zur Margarinemischung geben und (wiederum nicht zu lange) verrühren. Kürbiskerne, Sonnenblumenkerne, Kokosraspeln, Cranberrys sowie Mandeln, Pekan- oder Walnüsse unterziehen.
- ► Mit einem Eisportionierer Teigkugeln abnehmen und im Abstand von etwa 5 cm auf das Backpapier setzen. Mit der Hand oder Gabel leicht flach drücken.
- ► 15 Minuten backen (nach der Hälfte der Backzeit das Backpapier einmal um 180 Grad drehen), bis die Cookies sich fest anfühlen. Auf dem Backblech abkühlen lassen.

4 TL Chiasamen

3 EL Wasser

225 g vegane Margarine

255 g veganer Rohrzucker

300 g Buchweizenmehl

100 g Amaranth- oder Quinoamehl

1 TL Backsoda

1 TL Meersalz

1 TL Macapulver

4 EL Kürbiskerne

4 EL Sonnenblumenkerne

4 EL Kokosraspeln, ungesüßt

4 EL Cranberrys, getrocknet

4 EL Mandeln, Pekan- oder Walnüsse, gehackt

Werden Margarine und Zucker zu cremig gerührt, kann es passieren, dass der Teig auf dem Blech verläuft.

Nuss-Cookies
mit Kakao und Orange

Diese Cookies schmecken nicht nur toll, sie sind auch ganz ohne
Mehl gemacht und stecken voller wertvoller Nährstoffe.
Ergibt 11-14 Cookies.

 Glutenfrei    Roh (Option)

Vorbereitungszeit: 5 Minuten (plus Einweichzeit)
Sie brauchen: 1 Mixer, 1 Dörrapparat (für Rohkostversion)

180 g Pekannüsse

160 g Mandeln

60 g Kakaopulver

60 ml Ahornsirup oder Agavennektar

1 EL Kokosnussöl

1 TL reiner Vanilleextrakt

1 Prise Meersalz

8 EL Kakaonibs

1 ½ EL Orangenzesten, fein gehackt

250 ml Schokoladenganache
(Seite 60)

2 EL Pistazienkerne, gemahlen

▸ Pekannüsse und Mandeln über Nacht in Wasser einweichen.

▸ Ofen auf 180 °C vorheizen. Backblech mit Backpapier auslegen.

▸ Nüsse abgießen und im Mixer zu einem feuchten Mehl vermahlen.
Kakaopulver, Ahornsirup, Kokosnussöl, Vanilleextrakt und
Salz zugeben und untermixen, bis sich ein Teig geformt hat. In
eine mittelgroße Schüssel geben und per Hand Kakaonibs und
Orangenzesten einarbeiten.

▸ 11-14 Bällchen formen und im Abstand von etwa 5 cm auf das
Backpapier setzen. Mit der Hand leicht flach drücken.

▸ 60 Minuten backen (nach der Hälfte der Backzeit das Backpapier
einmal um 180 Grad drehen), bis die Cookies sich fest anfühlen.
Auf dem Backblech vollständig abkühlen lassen.

▸ Mit Schokoladenganache und gemahlenen Pistazienkernen verzieren.

*Die Cookies werden bei niedriger Temperatur gebacken, um die wertvollen
Fette im Kokosnussöl nicht zu schädigen.*

*Für eine Rohkostversion die Cookies bei 46 °C etwa 8 Stunden lang im
Dörrapparat dörren.*

Ananas-Kokos-Makronen

Die Kokosnuss in diesen Makronen versorgt den Körper mit hochwertigen Fetten, die sich leicht verdauen lassen. Zusätzlich wird die Verdauung durch das Enzym Bromelain aus der Ananas unterstützt.
Ergibt 18-20 Makronen.

 Glutenfrei    Roh (Option)

Vorbereitungszeit: 5 Minuten
Sie brauchen: 1 Mixer, 1 Dörrapparat (für Rohkostversion)

425 g Kokosraspeln, ungesüßt

50 g frische Ananas, gewürfelt

8 EL getrocknete Ananas, fein gehackt (plus etwas mehr zum Garnieren)

125 ml Ahornsirup

2 EL Kokosnussmehl

1 EL Vanillepulver oder -extrakt

1/4 TL Meersalz

Etwas Schokoladenganache (Seite 60)

▶ 250 g Kokosraspeln im Mixer verschlagen, bis sie weich und cremig sind, dabei regelmäßig vom Rand des Mixgefäßes herunterstreichen. (Je nach Stärke und Geschwindigkeit des Mixers kann dies 5-10 Minuten dauern.) Frische Ananas zugeben und untermixen.

▶ In einer großen Schüssel Kokospüree, getrocknete Ananas, Ahornsirup, Kokosnussmehl, Vanillepulver oder -extrakt und Salz gut verrühren. Restliche Kokosraspeln per Hand einarbeiten.

▶ Mit einem kleinen oder mittleren Eisportionierer Teigkugeln abnehmen und im Abstand von etwa 5 cm auf das Tablett eines Dörrapparats oder auf ein mit Backpapier ausgelegtes Backblech setzen.

▶ Bei 42 °C etwa 24 Stunden dörren (oder im Backofen bei 100 °C 20-30 Minuten backen), bis die Makronen sich fest anfühlen. Gut abkühlen lassen.

▶ Solange die Schokoladenganache noch dickflüssig ist, mit einem Löffel Zickzackmuster über die Makronen träufeln. (Alternativ können Sie die Makronen auch in die Schokolade tauchen.) Mit der Schokoladenseite nach oben auf das Backpapier setzen. Auf Wunsch mit einem Stück getrockneter Ananas verzieren und im Kühlschrank setzen lassen.

Schokoladen-Kokos-Makronen

Mit den hochwertigen Fetten der Kokosnuss und der Schokolade sind
diese Makronen nicht nur äußerst lecker, sondern auch gesund.
Ergibt 15-18 Makronen.

 Glutenfrei

Vorbereitungszeit: 5 Minuten
Sie brauchen: 1 Mixer, 1 Rührgerät, 1 Dörrapparat (für Rohkostversion)

▸ 300 g Kokosraspeln im Mixer verschlagen, bis sie weich und cremig sind, dabei regelmäßig vom Rand des Mixgefäßes herunterstreichen. (Je nach Stärke und Geschwindigkeit des Mixers kann dies 5-10 Minuten dauern.)

▸ In einer großen Schüssel Kokosnusspüree, Ahornsirup, Kokosnussmehl, Kakaonibs, Vanille und Salz gut verrühren. Restliche Kokosraspeln per Hand einarbeiten.

▸ Mit einem kleinen oder mittleren Eisportionierer Bällchen formen und den Teig im Abstand von etwa 5 cm auf das Tablett eines Dörrapparats oder ein mit Backpapier ausgelegtes Backblech setzen.

▸ Bei 42 °C 24 Stunden dörren (oder im Backofen bei 100 °C 20-30 Minuten backen), bis die Makronen sich fest und trocken anfühlen. Gut abkühlen lassen.

▸ Für die Ganache Kokosnussmilch und Margarine in einem Wasserbad erhitzen und gelegentlich umrühren, bis die Margarine geschmolzen ist. Schokoladenchips einrühren und ebenfalls zum Schmelzen bringen. Vom Herd nehmen und leicht abkühlen lassen.

▸ Ein Backblech mit Pergamentpapier auslegen. Solange die Ganache noch dickflüssig ist, diese mit einem Löffel im Zickzackmuster über die Makronen träufeln. (Alternativ können Sie die Makronen auch in die Schokolade tauchen.) Mit der Schokoladenseite nach oben auf das Backpapier setzen. Auf Wunsch mit je einer Macadamianuss garnieren und im Kühlschrank setzen lassen.

Makronen

475 g Kokosraspeln, ungesüßt

125 ml Ahornsirup

2 EL Kokosnussmehl

2 EL Kakaonibs

1 EL Vanillepulver

1/4 TL Meersalz

18-20 Macadamianüsse zum Garnieren (optional)

Schokoladenganache

125 ml dick gewordenes Fett aus der oberen Hälfte einer 400-ml-Dose Kokosnussmilch

4 EL vegane Margarine

320 g dunkle vegane Schokoladenchips

Mandelmushappen

Blutorangen-Ingwer-Tarte

Ananas-Kokos-Makronen
und Schokoladen-Kokos-Makronen

Himbeer-Granatapfel-
Schokoladen-Tarte ·······›

Schichttorte mit Cashewcreme
und Schokoladenmousse

Pekan-Riegel

Diese Riegel wurden für den Übergang von konventionellen, mit Milchprodukten und raffiniertem Mehl gemachten Süßigkeiten erdacht. Wenn sie auch nicht so hochwertig sind wie die rohen Desserts in diesem Kapitel, haben sie unter denen, die mit leeren Kalorien belastete Süßigkeiten zugunsten gesünderer Alternativen hinter sich lassen möchten, eine treue Anhängerschaft gefunden.
Ergibt 15 Riegel.

 Übergang    Glutenfrei

Vorbereitungszeit: 8 Minuten (plus Kühlzeit über Nacht)

Boden

330 g Reismehl

50 g dunkler Rohrzucker

1 TL Meersalz

1/4 TL Backpulver

1/4 TL Zimt

160 g vegane Margarine

Belag

250 g Pekannüsse, grob gehackt

250 g dunkler Rohrzucker

150 ml Kokosnussnektar

3 EL Maisstärke

2 EL vegane Margarine

2 TL Rumextrakt

1/4 TL Meersalz

75 ml ungesüße Mandelmilch (gekauft oder selbst gemacht, siehe Seite 43)

► Backofen auf 180 °C vorheizen und ein Backblech mit Backpapier auslegen. (Papier an zwei Seiten jeweils etwa 5 cm überhängen lassen.)

► Für den Boden in einer großen Schüssel Mehl, Zucker, Salz, Backpulver und Zimt verrühren. Margarine mit einem Teigmischer oder zwei Messern vorsichtig in die Mehlmischung schneiden, bis die Mischung feinkrümelig wird. Krümel auf das Backblech geben, gleichmäßig und auch in den Ecken gut festdrücken.

► 8-10 Minuten backen, bis der Boden fest und leicht gebräunt ist. Auf einem Gitter abkühlen lassen.

► Für den Belag die Pekannüsse gleichmäßig auf dem Boden verteilen. In einem mittelgroßen Kochtopf Zucker, Kokosnussnektar, Maisstärke, Margarine, Rumextrakt und Salz erhitzen und unter ständigem Rühren gerade eben zum Kochen bringen. Vom Herd nehmen und die Mandelmilch einrühren. Die Sauce über die Pekannüsse gießen und darauf achten, dass sie gleichmäßig verteilt ist.

► 25-30 Minuten backen und auf einem Gitter abkühlen lassen. Anschließend über Nacht in den Kühlschrank stellen. Vom Blech nehmen und in 15 Riegel schneiden.

Die kleinen Köstlichkeiten sind ziemlich klebrig, zum Anfassen deshalb Pergamentpapier benutzen!

Mandelmushappen

Köstliche und nährstoffreiche Variation des amerikanischen
Klassikers aus Erdnussmus. Ein echter Leckerbissen.
Ergibt 12 Happen.

 Übergang    Glutenfrei

Vorbereitungszeit: 10 Minuten, **Sie brauchen**: 1 Mixer

Boden

480 g Mandeln

100 g Walnüsse

4 EL Kakaonibs

6 Medjool-Datteln, entsteint, gehackt
und eingeweicht

3 EL Agavennektar, Ahornsirup oder
Kokosnussnektar

Füllung

75 ml natives Kokosnussöl,
geschmolzen

75 ml Mandelmus (Seite 46)

75 ml Agavennektar, Ahornsirup oder
Kokosnussnektar

60 ml Mandelmilch (gekauft oder selbst
gemacht, siehe Seite 43)

1 TL reiner Vanilleextrakt

Guss

Schokoladensauce (Seite 225)

Zum Bestreuen

4 EL Mandelblättchen

4 EL Kakaonibs

► Für den Boden Mandeln und Walnüsse in einem Mixer grob pürieren. Kakaonibs zugeben und untermixen. Datteln und Agavensirup mit pürieren, bis sich ein Teig geformt hat. Den Teig auf Böden und Seiten von 12 Silikon-Muffinförmchen drücken. (Die Schicht möglichst dünn lassen, damit viel Platz für die Füllung bleibt.) Beiseitestellen.

► Für die Füllung im Mixer alle Zutaten glatt pürieren und auf die Förmchen verteilen. In den Kühlschrank stellen und fest werden lassen (etwa 1 Stunde).

► Schokoladensauce auf die Förmchen verteilen und mit Mandelblättchen und Kakaonibs bestreuen.

Schokoladen-Kakao-Muffins

Eine luxuriöse und doch ausgewogene Mischung aus süßen und leicht bitteren Schoko- und Kakaoaromen. Gut für den Übergang bei der Ernährungsumstellung.
Ergibt 22-24 Muffins.

 Übergang  Glutenfrei

Vorbereitungszeit: 8 Minuten

340 g veganer Rohrzucker

500 ml Mandelmilch (Seite 43)

2 EL Obstessig

2 TL reiner Vanilleextrakt

150 g Sorghumhirsemehl

80 g Quinoamehl

180 g Kichererbsenmehl

70 g Maisstärke

25 g ungesüßte Kokosraspeln

80 g Kakaopulver

2 TL Backsoda

1 ½ TL Meersalz

150 ml natives Kokosnussöl, geschmolzen

Kuchenguss (Seite 244 bis 245)

Kakaonibs und Kokosraspeln zum Verzieren

▶ Je ein Backofenrost ins obere und untere Drittel des Ofens schieben und auf 180 °C vorheizen. 2 Muffinbleche für je 12 Muffins mit Papierförmchen auslegen.

▶ In einer großen Schüssel Rohrzucker, Mandelmilch, Essig und Vanille vermischen. In einer anderen, mittelgroßen Schüssel die verschiedenen Mehlsorten, Kokosraspeln, Kakaopulver, Backsoda und Salz verrühren. Mandelmilchmischung unterziehen und gut vermischen. Zuletzt vorsichtig das geschmolzene Kokosnussöl unterziehen, bis der Teig glatt ist und glänzt. (Nicht zu stark vermischen!) Teig mit einem Löffel auf die Muffinförmchen verteilen.

▶ 25 Minuten backen, dabei nach der Hälfte der Backzeit Roste tauschen. Per Zahnstochertest prüfen, ob der Teig gar ist. Auf ein Gitter geben und vollständig auskühlen lassen.

▶ Mit dem gewünschten Guss bestreichen und mit Kakaonibs und Kokosraspeln bestreuen.

Zu langes Rühren fördert eine zu starke Glutenbildung, was die Muffins zäh werden lassen kann.

Nuss-Samen-Muffins

Anders als traditionelle Versionen aus raffiniertem Mehl sind diese
Muffins nährstoffreich und gesund. Außerdem sind sie außergewöhnlich
sättigend, sodass man auf keinen Fall zu viel essen kann – genau, wie es
sein sollte. Manchen ist sogar schon ein halber Muffin genug.
Ergibt 12 große Muffins.

 Roh    Glutenfrei

Vorbereitungszeit: 6 Minuten
Sie brauchen: 1 Mixer

▸ Alle Zutaten außer dem Kuchenguss im Mixer glatt pürieren.

▸ Mischung auf 12 Muffinförmchen verteilen (oder den Teig wie
Muffins formen und auf ein Backblech setzen). Im Kühlschrank
fest werden lassen (etwa 30 Minuten). Mit dem gewünschten
Guss bestreichen.

2 große Medjool-Datteln, entsteint

160 g rohe Mandeln

100 g rohe Walnüsse

75 g rohe Sonnenblumenkerne

4 EL rohe Kürbiskerne

4 EL rohe Chiasamen

125 ml Mandelmus (Seite 46)

60 ml Kokosnussnektar oder Ahornsirup

2 TL reiner Vanilleextrakt

1/4 TL Zimt

Kuchenguss (Seite 244 bis 245)

Kokosnuss-Zitronen-Guss

Eine erfrischende und sehr leckere Version eines konventionellen Kuchengusses
auf der Basis von Kokosnussmus, gesüßt mit gesunden Datteln.
Ergibt 250 ml.

 Roh    Glutenfrei

Vorbereitungszeit: 5 Minuten
Sie brauchen: 1 Mixer

3 große Medjool-Datteln, entsteint
und eingeweicht

125 ml Kokosnussmus (Seite 47)

60 ml Wasser

1 EL Zitronenzesten

½ TL reiner Vanilleextrakt

▸ Alle Zutaten in einem Mixer glatt und cremig pürieren. Bei Bedarf
noch etwas Wasser hinzufügen.

*In einem verschlossenen Behältnis im Kühlschrank bis zu 2 Wochen haltbar.
Vor Gebrauch auf Zimmertemperatur bringen.*

Schokoladen-Avocado-Guss

Sie werden nicht glauben, dass dieser Guss aus nur vier Zutaten besteht und eine davon Avocado ist. Aber er ist nährstoffreich und lecker – genau so, wie das bei einem gesunden Kuchenguss sein sollte.
Ergibt 375 ml.

 **GF** Glutenfrei

Vorbereitungszeit: 5 Minuten,
Sie brauchen: 1 Mixer

. . . .

2 reife Avocados, geschält und entkernt

4 EL Kakaopulver

3-4 EL Kokosnussnektar oder Ahornsirup

1 Prise Meersalz

. . . .

► Alle Zutaten in einem Mixer cremig pürieren.

In einem verschlossenen Behältnis im Kühlschrank bis zu 2 Wochen haltbar.

Schokoladen-Kokosnuss-Guss

Vollgepackt mit leicht verdaulicher Energie aus den Datteln und hochwertigen Fetten aus der Kokosnuss, verfeinert dieser Kuchenguss nicht nur viele Süßspeisen, sondern liefert auch Schlüsselnährstoffe für die körpereigene Energieproduktion. Ideal für Tage mit langen Trainingseinheiten.
Ergibt 250 ml.

 **GF** Glutenfrei

Vorbereitungszeit: 5 Minuten,
Sie brauchen: 1 Mixer

. . . .

6 große Medjool-Datteln, entsteint und eingeweicht

175 ml Wasser

4 EL rohes Kakaopulver

4 EL natives Kokosnussöl

. . . .

► Alle Zutaten in einem Mixer cremig pürieren. Gibt es noch Klümpchen, etwas mehr Wasser hinzufügen. Bei Bedarf in den Kühlschrank stellen, bis der Guss dick und streichfähig geworden ist.

In einem verschlossenen Behältnis im Kühlschrank bis zu 2 Wochen haltbar.

Blutorange-Ingwer-Tarte

Ein wunderschön anzuschauendes, luxuriöses Dessert, das Ihren
Süßhunger befriedigen und gleichzeitig helfen wird, Ihren Gaumen
an einfachere Lebensmittelkombinationen zu gewöhnen.
Ergibt 1 Tarte.

 Übergang    Glutenfrei

Vorbereitungszeit: 20 Minuten (plus Abkühlzeit über Nacht)
Sie brauchen: 1 Nussmühle, 1 Mixer

▶ Für den Boden in einer mittelgroßen Schüssel gemahlene
Pekannüsse, gehackte Mandeln, Mandelmehl und Rohrzucker
gut verrühren. Margarine unterziehen und die Mischung
fest und gleichmäßig auf den Boden einer Springform mit
23 cm Durchmesser drücken. Zugedeckt 1 Stunde in den
Kühlschrank stellen.

▶ Ofen auf 180 °C vorheizen.

▶ Boden 15 Minuten backen und abkühlen lassen.

▶ Für den Belag in einem mittelgroßen Kochtopf Zucker, Stärke
und Salz vermischen. Wasser und Mandelmilch zugeben und
unter ständigem Rühren bei mittlerer Hitze zum Kochen
bringen. Weiterköcheln lassen, bis die Masse leicht angedickt ist
(3-4 Minuten). Vom Herd nehmen und Orangenzesten sowie
Orangen- und Ingwersaft einrühren. Auf den abgekühlten
Boden streichen, abdecken und über Nacht in den Kühlschrank
stellen.

▶ Springformrand abnehmen und den Rand der Tarte mit
Kokosraspeln bestreuen. Orangenscheiben am Rand der
Oberseite ringsum verteilen.

▶ Geschmolzene Schokolade von einer Seite zur anderen im
Zickzackmuster auf die Tarte träufeln.

*Sie können jede Kombination von Nüssen nehmen, also zum Beispiel
auch Haselnüsse oder Walnüsse (nur die Mengenverhältnisse sollten
beibehalten werden).*

*Sollten Sie keine Blutorangen finden, können Sie auch jede andere
Art von Orangen verwenden.*

Boden

250 g Pekannüsse, fein gemahlen

250 g Mandeln, fein gehackt

6 EL Mandelmehl

3 EL brauner Rohrzucker

175 g vegane Margarine

Belag

250 g Rohrzucker

45 g Maisstärke

1 TL Salz

300 ml Wasser

250 ml Mandelmilch (gekauft oder selbst
gemacht, siehe Seite 43)

2 EL Orangenzesten

175 ml Orangensaft (von etwa
6 mittelgroßen Orangen)

1 EL Ingwersaft

Garnitur

2-3 EL ungesüßte Kokosraspeln

2 Blutorangen, in Scheiben geschnitten,
jede Scheibe halbiert

2-3 EL vegane weiße Schokoladenchips,
geschmolzen

Himbeer-Granatapfel-Schokoladen-Tarte

Himbeeren und Schokolade – die klassische Geschmackskombination, ergänzt durch den an Antioxidantien reichen Granatapfel, macht dieses Dessert zu einem ebenso köstlichen wie gesunden Kraftspender.

Ergibt 1 Tarte.

 Übergang    Glutenfrei

Vorbereitungszeit: 15 Minuten (plus Abkühlzeit über Nacht)
Sie brauchen: 1 Mixer

Boden

160 g Mandeln

100 g Walnüsse

3 EL Kakaonibs

3 EL vegane dunkle Schokoladenchips

2 Medjool-Datteln, entsteint, gehackt und eingeweicht

1 TL reiner Vanilleextrakt

½ TL Meersalz

3 EL Ahornsirup

2 EL Kakaobutter oder Kokosnussöl, geschmolzen

Schokoladenganache

2 kleine bis mittelgroße, nicht allzu reife Avocados, geschält und entsteint

65 g Kakaopulver

2 EL Mandel- oder Cashewmus

125-175 ml Ahornsirup (optional)

120 g vegane zartbittere Schokoladenchips, geschmolzen

1 EL reiner Vanilleextrakt

1 TL Meersalz

3 EL Kakaobutter oder Kokosnussöl, geschmolzen

Belag

200 g Himbeeren

60 ml Agavennektar

2 EL Zitronensaft, frisch gepresst

2 EL Granatapfelpulver

2 EL reiner Granatapfelsaft

1 ½ EL Maisstärke

Garnitur

85 g Granatapfelkerne

2-3 EL vegane, weiße Schokoladenchips, geschmolzen

2-3 EL vegane, dunkle Schokoladenchips, geschmolzen

100 g frische Himbeeren

2-3 EL Kakaonibs

▶ Für den Boden Mandeln, Walnüsse, Kakaonibs und Schokoladenchips im Mixer zusammen fein vermahlen. Datteln, Vanilleextrakt, Salz, Ahornsirup und Kakaobutter zugeben und kräftig mixen, bis sich ein Teig geformt hat. Teig fest auf den Boden einer leicht gefetteten Springform mit 23 cm Durchmesser drücken. (Der Boden sollte etwa 1 cm hoch sein.) Reste bis zu einer Woche im Kühlschrank für eine andere Verwendung aufbewahren.

▶ Für die Schicht aus Ganache im gesäuberten Mixer Avocados, Kakaopulver, Mandelmus, 125 ml Ahornsirup (optional), Schokoladenchips, Vanilleextrakt und Salz glatt pürieren. Geschmolzene Kakaobutter in den laufenden Mixer gießen und untermixen. Die Konsistenz sollte seidig-cremig sein. Abschmecken und bei Bedarf noch etwas Ahornsirup zugeben, falls Sie die Ganache gern noch etwas süßer hätten. Mischung über den Boden streichen. Oberfläche glätten und etwa 30 Minuten im Kühlschrank fest werden lassen.

▶ Für den Belag alle Zutaten in einem mittelgroßen Kochtopf bei starker Hitze zum Kochen bringen. Weiterrühren, bis die Himbeeren sich aufgelöst haben. In eine Schüssel absieben und die Himbeersamen verwerfen. Belag zum Abkühlen beiseitestellen.

▶ Abgekühlten Belag über die Ganache gießen und glatt streichen. Zugedeckt etwa 30 Minuten im Tiefkühler setzen lassen.

▶ Zum Garnieren Springformrand ablösen. Schokolade im Zickzackmuster von einer Seite zur anderen über die Tarte träufeln und an den Seiten herunterlaufen lassen. Granatapfelsamen und Kakaonibs auf die Mitte löffeln. Himbeeren rund um den Rand arrangieren.

Dunkler Schokoladen-Käsekuchen mit Erd- und Gojibeeren

Dieser ganz ohne Mehl zubereitete Kuchen ist in unserem „Thrive Energy Lab" ganz besonders beliebt. Connaisseurs traditioneller Backkunst schätzen seine herrliche Konsistenz und gesundheitsbewusste Genießer freuen sich an den Antioxidantien aus den Gojibeeren und den reichlich enthaltenen Ballaststoffen aus dem Indischen Flohsamen.
Ergibt 1 Kuchen.

 Übergang    Glutenfrei

Vorbereitungszeit: 20 Minuten
Sie brauchen: 1 Mixer

Boden

160 g rohe Mandeln, 2 Stunden eingeweicht und abgeseiht

50 g ungesüßte Kokosraspeln

4 EL Kakaonibs

4 EL Kakaopulver

60 g Medjool-Datteln, entsteint

1 TL Vanilleextrakt

1 Prise Meersalz

Käsekuchenschicht

400 g Cashewkerne, 2-4 Stunden eingeweicht und abgeseiht

16 EL getrocknete Erdbeeren

8 EL gedörrte oder getrocknete Gojibeeren, 1 Stunde eingeweicht und abgeseiht

75 ml Zitronensaft

175 ml Agavennektar

125 ml Kokosnussöl, geschmolzen

1 TL Vanilleextrakt

½ TL Meersalz

500 g frische Erdbeeren, gewürfelt

Schokoladensauce

500 ml Schokoladensauce (Seite 225)

Erdbeercoulis

300 g frische Erdbeeren

60 ml Agavennektar

¾ TL Agar-Agar-Pulver

1 TL Zitronensaft

1 Prise Meersalz

Garnitur

225 g frische Erdbeeren, in Scheiben geschnitten

4 EL getrocknete Gojibeeren

350 g Kakaonibs

▶ Für den Boden Mandeln, Kokosraspeln, Kakaonibs und Kakaopulver im Mixer fein vermahlen. Datteln, Vanilleextrakt und Salz zugeben und weitermixen, bis sich ein leicht klebriger Teig gebildet hat. Teig fest auf den Boden einer leicht gefetteten Springform mit 23 cm Durchmesser drücken. (Der Boden sollte etwa 1 cm hoch sein.) Reste bis zu 1 Woche im Kühlschrank für eine andere Verwendung aufbewahren.

► Für die Käsekuchenschicht alle Zutaten außer den frischen Erdbeeren im Mixer glatt und cremig pürieren. Anschließend die frischen Erdbeeren getrennt pürieren, in ein feinmaschiges Sieb gießen und mit einem Küchenspatel ausdrücken, um die überschüssige Flüssigkeit abtropfen zu lassen. (Sie können sie auffangen und später zum Beispiel für einen Smoothie verwenden. Die ausgedrückte Erdbeermasse zur Käsekuchenmischung geben und alles gut miteinander vermischen. Die Mischung auf den Boden der Springform gießen und mit einem Messer oder Küchenspatel glatt streichen. 2-3 Stunden oder über Nacht mit Cellophan abgedeckt im Tiefkühler setzen lassen.

► Schokoladensauce mit einem langen Messer oder Spatel über den gesamten Käsekuchen (einschließlich der Ränder) streichen. (Wer eine dicke Schokoschicht mag, kann auch das doppelte Rezept Schokoladensauce zubereiten und eine dickere Schicht auftragen.)

► Für das Erdbeercoulis alle Zutaten im Mixer glatt pürieren, in eine Schüssel geben und in den Kühlschrank stellen, wo es etwa 1 Woche haltbar bleibt.

► Eine Handvoll Kakaonibs vorsichtig auf den Kuchenrand drücken, sodass sie in der Schokoladensauce kleben bleiben. (Sollten welche herunterfallen, ist das kein Problem, denn Sie können sie später noch als Deko nutzen.)

► Den Rand des Kuchens mit den Erdbeerscheiben belegen und die Mitte mit den Gojibeeren bestreuen. Beim Servieren über jedes Kuchenstück etwas Erdbeercoulis träufeln und an den Rändern herunterlaufen lassen. Gut gekühlt servieren.

In einem luftdichten Behälter ist der Kuchen bis zu 5 Tage haltbar.

Schichttorte mit Cashewcreme und Schokoladenmousse

Dass diese prächtige Torte zu unseren Lieblingen gehört, wird niemanden wundern, denn sie schmeckt einfach köstlich. Dazu bietet sie eine nachhaltige Versorgung mit wertvollen Nährstoffen aus verschiedenen Nusssorten und der Agavennektar hilft, den Glycogenspeicher in den Muskeln wieder aufzufüllen. Ergibt 1 Torte.

 Übergang    Glutenfrei

Vorbereitungszeit: 10 Minuten
Sie brauchen: 1 Mixer

Boden

130 g Cashewkerne

120 g Pekannüsse

3 EL Kakaonibs

4 EL Kakaopulver

3 EL vegane dunkle Schokoladenchips

2 Medjool-Datteln, entsteint, gehackt und eingeweicht

1 TL reiner Vanilleextrakt

½ TL Meersalz

3 EL Ahornsirup

2 EL Kakaobutter oder Kokosnussöl, geschmolzen

Cashewcreme

130 g rohe Cashewkerne, mindestens 6 Stunden, besser über Nacht eingeweicht

65 g Haselnüsse, mindestens 6 Stunden, besser über Nacht eingeweicht

1 EL Zitronensaft, frisch gepresst

1 TL reiner Vanilleextrakt

125 ml Kakaobutter oder Kokosnussöl, geschmolzen

125 ml Agavennektar oder Ahornsirup

Schokoladenmousse

3 kleine bis mittelgroße, nicht zu reife Avocados, geschält und entsteint

65 g Kakaopulver

2 EL Mandel- oder Cashewmus

125-175 ml Ahornsirup (optional)

1 EL reiner Vanilleextrakt

1 TL Meersalz

3 EL Kakaobutter oder Kokosnussöl, geschmolzen

120 g vegane zartbittere Schokoladenchips, geschmolzen

Garnitur

125 ml Schokoladensauce (Seite 225)

130 g ganze rohe Cashewkerne

1 Zweig Minze

▶ Für den Boden Cashewkerne und Pekannüsse, Kakaonibs, Kakaopulver und Schokoladenchips im Mixer gemeinsam fein vermahlen. Datteln, Vanilleextrakt, Salz, Ahornsirup und Kakaobutter zufügen und weitermixen, bis sich ein leicht klebriger Teig gebildet hat. Teig fest auf den Boden einer leicht gefetteten Springform mit 23 cm Durchmesser drücken. (Der Boden sollte etwa 1 cm hoch sein.) Reste bis zu 1 Woche im Kühlschrank für eine andere Verwendung aufbewahren.

▶ Für die Cashewcreme Cashewkerne und Haselnüsse bei mittlerer Geschwindigkeit einige Male kurz im Pulsmodus mahlen. Restliche Zutaten zugeben und zuerst im Pulsmodus, dann bei hoher Geschwindigkeit pürieren, bis die gewünschte Konsistenz erreicht ist (abhängig von der Geschwindigkeit und Kraft des Mixers, etwa 3-5 Minuten). Creme dabei gelegentlich von den Wänden des Mixgefäßes nach unten streichen. Bei Bedarf Wasser zugeben, bis die Füllung glatt und cremig schmeckt.

▶ Mit einem Spatel die Mischung auf den Kuchen-
boden geben und glatt streichen. Mit Plastikfolie
abdecken und etwa 30 Minuten im Tiefkühler fest
werden lassen.

▶ Für die Mousse Avocados, Kakaopulver, Mandelmus, 125 ml Ahornsirup (optional), Vanilleextrakt
und Salz im gereinigten Mixer glatt pürieren.
Geschmolzene Kakaobutter und Schokoladenchips
in die laufende Maschine geben und weitermixen,
bis eine seidig-cremige Konsistenz erreicht ist.

Abschmecken und bei Bedarf den Rest des Ahorn-
sirups zugeben, falls Sie die Mousse gern süßer
hätten. Mischung als zweite Schicht auf den
Kuchen löffeln, glatt streichen und etwa 1 Stunde
im Kühlschrank fest werden lassen.

▶ Vorsichtig den Rand der Springform lösen und die
Schokoladensauce im Zickzackmuster von einer
Seite zur anderen auf den Kuchen träufeln. Kuchen
am Rand mit den rohen Cashewkernen und in der
Mitte mit dem Minzezweig verzieren.

Chia-Schokoladeneis mit Blaubeeren

Eines der einfachsten und doch köstlichsten Eiscremerezepte aller Zeiten – und das ganz ohne Raffinadezucker, aber mit den gesunden Inhaltsstoffen von Chiasamen und Macapulver. Ein ideales Dessert oder, falls gewünscht, auch eine leckere Ergänzung eines nahrhaften Frühstücks.
Ergibt 4 Portionen.

 Übergang    Glutenfrei    Super-Nährstoffdichte    Roh

Vorbereitungszeit: 5 Minuten
Sie brauchen: 1 Mixer

Eiscreme

3 gefrorene Bananen, in Scheiben geschnitten

2 große Medjool-Datteln, entsteint und eingeweicht

1 TL Kakaopulver

2 TL Chiasamen

Blaubeercreme

1 Banane

150 g Blaubeeren, tiefgefroren

1 TL Macapulver (optional)

▶ Für die Eiscreme alle Zutaten im Mixer cremig pürieren. In eine Schüssel geben und in den Tiefkühler stellen.

▶ Das Gleiche mit den Zutaten für die Blaubeercreme wiederholen. Blaubeercreme zur Eiscreme geben und mit einem großen Löffel vorsichtig unterziehen, so dass eine Blaubeermaserung sichtbar bleibt. Sofort servieren oder in einem luftdichtem Behältnis im Tiefkühler aufbewahren.

Gefroren mehrere Monate haltbar. Vorm Servieren bei Zimmertemperatur 10 Minuten antauen lassen.

Schokoladen-Minz-Eis mit Schokochips

Schokolade und Minze – eine Kombination, die alle mögen! Der zusätzliche Gesundheitsnutzen durch die Chiasamen macht diese Eiscreme zum Thrive-Energy-Champion.
Ergibt 4 Portionen.

 Übergang    Glutenfrei   Roh

Vorbereitungszeit: 5 Minuten
Sie brauchen: 1 Mixer

▶ Alle Zutaten außer den Kakaonibs im Mixer glatt pürieren. Kakaonibs einrühren. Sofort servieren oder in einem luftdichten Behältnis einfrieren. Auf Wunsch mit Minzeblättern garnieren.

Gefroren mehrere Monate haltbar. Vorm Servieren bei Zimmertemperatur 10 Minuten antauen lassen.

4 Bananen, tiefgefroren

10 Minzeblätter (plus mehr zum Garnieren)

1 EL Kokosnussnektar (optional)

2 TL Chiasamen

½ TL reiner Pfefferminzextrakt

½ TL reiner Vanilleextrakt

1 Vanilleschote, ausgekratzt

1 Prise Meersalz

2 EL rohe Kakaonibs

Orangen-Dattel-Nuss-Creamsicle

Typisch für ein „Creamsicle" ist die Kombination von süßem Vanilleeis
und einem säuerlichen Fruchtsorbet – einfach köstlich!
Ergibt 4 Portionen.

 Glutenfrei    Roh

Vorbereitungszeit: 8 Minuten
Sie brauchen: 1 Mixer

4 gefrorene Bananen,
in Scheiben geschnitten

1 große Medjool-Dattel, entsteint
und eingeweicht

2 EL Cashewkerne, fein gemahlen

1 EL Orangenzesten

1 EL frischer Orangensaft

1 EL Kokosnussnektar (optional)

½ TL reiner Vanilleextrakt

1 Vanilleschote, ausgekratzt

1 Prise Meersalz

2 EL Cashewkerne, gehackt

▶ Alle Zutaten außer den gehackten Cashewkernen im Mixer glatt
pürieren. Gehackte Cashewkerne einrühren. Sofort servieren oder
in einem luftdichten Behältnis einfrieren.

*Gefroren mehrere Monate haltbar. Vorm Servieren bei Zimmer-
temperatur 10 Minuten antauen lassen.*

Beerentraum-Eiscreme

Bei der cremigen Konsistenz und fruchtigen Süße dieses Eises ist schwer zu glauben, dass es nicht nur **nicht** ungesund ist, sondern auch noch viele wertvolle Nährstoffe hat: Antioxidantien, komplexe Kohlenhydrate und rohe, gesunde Fette.
Ergibt 4 Portionen.

 Glutenfrei   Roh

Vorbereitungszeit: 8 Minuten
Sie brauchen: 1 Mixer

▸ Alle Zutaten außer den Himbeeren in einem Mixer glatt pürieren. Himbeeren einrühren. Sofort servieren oder in einem luftdichten Behältnis einfrieren.

Gefroren mehrere Monate haltbar. Vor dem Servieren bei Zimmertemperatur 10 Minuten antauen lassen.

4 gefrorene Bananen, in Scheiben geschnitten

1 große Medjool-Dattel, entsteint und eingeweicht

4 EL Blaubeeren, gefroren

2 EL Cashewkerne, fein gemahlen

1 EL Kokosnussnektar (optional)

½ TL reiner Vanilleextrakt

1 Vanilleschote, ausgekratzt

1 Prise Meersalz

4 EL gefrorene Himbeeren, geviertelt

Thrive Sport Rezepte

Eine Ernährung mit positiver Energiebilanz ist ein Schlüsselelement der nachhaltigen Energieversorgung für alle, die Sport treiben. Deshalb habe ich in diesem Abschnitt einige meiner sportbezogenen Lieblingsrezepte versammelt. Es sind Speisen, die Sie kurz vor, bei oder direkt nach dem Training verzehren sollten.

Vor und beim Training gut mit Energie versorgt zu sein führt zu einem effektiveren Training: In kürzerer Zeit können Sie so deutlich größere Fortschritte erzielen. Die entscheidende Frage ist, wie man genug „Treibstoff" ins System bekommt, für dessen Verbrennung man möglichst wenig Verdauungsenergie braucht. Muss der Körper für die Verdauung verarbeiteter Lebensmittel mehr tun, ist weniger Blut verfügbar, das Arme und Beine durchbluten kann. Es wird weniger Sauerstoff in die Extremitäten befördert, weniger Stoffwechselabfallprodukte werden abtransportiert. Dass dies nicht wünschenswert sein kann, liegt auf der Hand. Deshalb habe ich Speisen ersonnen, die sich ganz leicht verdauen lassen und dennoch die höchsten Ansprüche an die Energieversorgung von Hochleistungssportlerinnen und -sportlern erfüllen können.

Als ich mich ernsthaft auf die Ironman-Triathlons vorzubereiten begann, testete ich meine geplante Ernährungsstrategie für Wettkampftage anhand rigoroser Trainingseinheiten – Trockenübungen sozusagen. Doch obgleich die Tests anzeigten, dass ich auf dem richtigen Weg war, ergab sich am Wettkampftag dann doch häufig ein völlig anderes Szenario. Ich konnte das Essen einfach nicht verdauen – es lag mir wie ein Stein im Magen. Ich war ratlos. Wie konnte es sein, dass

mein Verdauungssystem während des Trainings – und sogar unter vorgetäuschten Wettkampfbedingungen – funktionierte, beim echten Wettkampf aber komplett blockierte?

Adrenalin lautet die Antwort, wie ich lernen musste. Wenn die Aufregung des Wettkampfs einsetzt, gibt das die berühmten Schmetterlinge im Bauch – und ein vom Hormon Adrenalin überflutetes Körpersystem. Das ist nicht unbedingt schlecht. Adrenalin schärft unsere Konzentration und stärkt unsere körperliche Leistungskraft. Wie ich am eigenen Leib erfahren musste, richtet es im Verdauungssystem aber auch Chaos an. Diese neu gewonnenen Erkenntnisse erlaubten es mir, Sportlernahrung zu konzipieren, die sich vor allem durch eine bessere Verdaulichkeit auszeichnet. Vieles davon bieten wir inzwischen im „Thrive Energy Lab" an.

Wie die Energieversorgung vor dem Training sollte auch das Essen nach dem Workout leicht verdaulich sein. Gleich nach dem Training mit großem Energieaufwand verarbeitete Lebensmittel verdauen zu müssen, reduziert die für die Regeneration des Körpers zur Verfügung stehende Energie. Das ist einer der Gründe dafür, warum ich empfehle, direkt nach einem Training einen Smoothie (wie zum Beispiel den auf Seite 182) zu trinken. Alternativ habe ich aber auch ein leicht verdauliches Müsli mit positiver Energiebilanz aufgeführt (siehe Seite 275).

Meine Rezepte für Sportlerinnen und Sportler habe ich in drei Kategorien unterteilt: Vorbereiten, Erhalten und Regenerieren.

„Optimierte Ernährung, optimierte Leistung."

Blaubeer-Kakao-Sportlermüsli
(vor dem Workout)

Dieses Müsli ist ein idealer nachhaltiger Energielieferant vor Trainingseinheiten, die länger als 90 Minuten dauern. Die natürliche Freigabe von Serotonin aus dem Kakao wird Ihnen helfen, mental fokussiert zu bleiben. Die Makronährstoffe sind so kombiniert, dass sie durch kontinuierliche Freisetzung und einen harmonischen Synergieeffekt lang anhaltende Leistungsfähigkeit ermöglichen. Die Datteln geben sofortige Energie und der Kokosnussnektar springt ein, sobald die Wirkung der Glukose nachlässt – so kann es gar nicht erst zu einem Energieabsacker kommen. Die Haferflocken verlängern die effiziente Muskelfunktion und bei längerer Trainingszeit mit geringerer Intensität verbessern Lein- und Chiasamen die Fähigkeit des Körpers, Fett als Brennstoff zu verbrennen. Wenn Sie Ihr Müsli zusätzlich mit echter Turbokraft aufladen wollen, geben Sie grünen Tee oder Matcha Pulver hinzu. Ergibt 5 Portionen.

 Glutenfrei   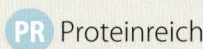 Proteinreich   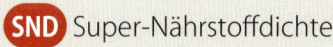 Super-Nährstoffdichte

Vorbereitungszeit: 8 Minuten
Ofen auf 120° C vorheizen.

▶ In einer großen Schüssel Haferflocken, Blaubeeren, Datteln, Mandeln, Sonnenblumen-, Lein-, Chia- und Sesamsamen, Kakaonibs und Meersalz gut vermengen. In einer kleinen Schüssel Kokosnussöl, Kokosnussnektar, Wasser, Grünteepulver (optional) und Cayennepfeffer (optional) mischen.

▶ Beide Mischungen gut verrühren und gleichmäßig auf ein Backblech streichen.

▶ Je nach gewünschter Knusprigkeit 50-65 Minuten backen (nach halber Backzeit einmal umrühren).
Auf dem Backblech abkühlen lassen und vor dem Lagern in kleine Stücke zerbrechen.

Vor dem Servieren mit leicht verdaulichen, an Antioxidantien reichen Beeren wie Brombeeren oder Himbeeren bestreuen. Der optionale Cayennepfeffer fördert die Durchblutung und damit die Nährstoffaufnahme. In einem offenen Behältnis im Kühlschrank bis zu 2 Wochen haltbar.

75 g glutenfreie Haferflocken

75 g Blaubeeren, frisch oder gefroren

3 große Medjool-Datteln, entsteint und gehackt

75 g rohe Mandeln, gehackt

75 g Sonnenblumenkerne

55 g Leinsamen, gemahlen

90 g Chiasamen

65 g Sesamsamen, ungeschält

2 EL Kakaonibs

1/4 TL Meersalz

60 ml Kokosnussöl, geschmolzen

60 ml Kokosnussnektar

2 EL Wasser

2 EL Matcha-Grünteepulver (für die „Turbokraft-Option")

4 TL Cayennepfeffer (optional)

Acaibeeren-Energiedrink
(vor dem Workout)

Etwa 40 Minuten vor einem längeren oder besonders intensiven Workout getrunken, wird dieser leicht verdauliche Energiedrink Ihre Muskeln mit hochwertigen Kohlenhydraten versorgen, die Sie durch das härteste Training bringen. Dank seiner flüssigen Form ist er besonders leicht verdaulich und reduziert damit das Risiko der gefürchteten Seitenstiche. Das Verdauungsenzym Bromelain aus der Ananas fördert die Verdauung zusätzlich. Der Vega-Sport-Pre-Workout-Energizer mit Grünem Tee und Yerba Mate kurbelt Ihren Fettstoffwechsel weiter an und befähigt Ihren Körper, mehr Körperfett zu verbrennen, während das Glycogen in den Muskeln geschont und dadurch die Ausdauer erhöht wird.
Ergibt 1 Portion.

 Glutenfrei   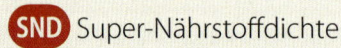 Super-Nährstoffdichte

Vorbereitungszeit: 2-3 Minuten
Sie brauchen: 1 Hochleistungsmixer

4 frische oder gefrorene Erdbeeren

50 g Ananas, gewürfelt

4 EL frische oder gefrorene Blaubeeren

1 Messbecher Vega-Sport-Pre-Workout-Energizer, Acaibeeren-Geschmack

125 ml Kokosnusswasser

125 ml Acaibeerensaft

1 EL Agavennektar oder Ahornsirup (optional)

150 g Eiswürfel

▶ Alle Zutaten außer den Eiswürfeln in einen Mixer geben. Eiswürfel etwa 2,5 cm hoch über der Flüssigkeit aufschichten. Bei hoher Geschwindigkeit glatt pürieren.

Wenn Sie gefrorene Früchte nehmen, weniger Eiswürfel verwenden.
Der Agavennektar wird empfohlen, wenn Sie ein länger als 3 Stunden dauerndes Training planen.

Blaubeer-Buchweizen-Energieriegel

Diese Riegel sind ideal, um die körperliche Aktivität über die gesamte Spanne des Workouts zu erhalten. Ich habe Zutaten ausgewählt, die synergistisch zusammenwirken, sofortige ebenso wie nachhaltige Energie spenden und gleichzeitig leicht verdaulich sind. Wie Sie sehen werden, gebe ich ein wenig Kokosnusszucker hinzu – nicht um die Riegel süßer zu machen, sondern um ganz gezielt einen weiteren Brennstoff zur Energiegewinnung beizufügen. Palmzucker hat einen niedrigen glykämischen Index, was bedeutet, dass er nur nach und nach in den Blutkreislauf gerät und nachhaltige Energie spendet. Kombiniert mit den Datteln, die hauptsächlich Glukose enthalten und schnelle Energie liefern, ergibt sich daraus ein äußerst nützlicher, nachhaltig wirksamer Energieschub.
Ergibt etwa 12 Riegel.

 Roh    Glutenfrei   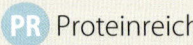 Proteinreich

Vorbereitungszeit: 5 Minuten
Sie brauchen: 1 Mixer

150 g Medjool-Datteln, entsteint und eingeweicht

4 EL frische oder gefrorene Blaubeeren

4 EL rohe Walnüsse, ganz

4 EL Leinsamen, gemahlen

4 EL Hanfsamen, ungeschält

4 EL Hanfprotein oder Vega-Sport-Performance-Protein, Beerengeschmack

1 EL Kokosnusszucker

Meersalz

100 g Buchweizen, gekeimt oder gekocht (optional)

4 EL Walnüsse, gehackt

75 g gefrorene Blaubeeren

► Datteln, 4 EL frische oder gefrorene Blaubeeren, ganze Walnüsse, Leinsamen, Hanfsamen, Hanfprotein, Kokosnusszucker und etwas Meersalz bis zur gewünschten Konsistenz pürieren. (Je kürzer Sie den Mixer laufen lassen, desto knuspriger werden die Riegel.)

► Mischung in eine Schüssel geben und Buchweizen (optional), gehackte Walnüsse und Blaubeeren mit den Händen unterkneten (oder einige Male im Pulsmodus untermixen).

► Mischung mit einem Löffel oder per Hand portionsweise herausnehmen und zwischen den Handflächen zu Bällchen der gewünschten Größe rollen.

- Auf eine Arbeitsfläche legen und mit der Hand flach drücken. Mit einem Stück Frischhaltefolie abdecken und mit einem Nudelholz zur gewünschten Dicke ausrollen. In Riegel schneiden.
- Alternativ die Mischung zu einem Quader formen und anschließend in Scheiben schneiden. Oder die Mischung in eine mit Pergamentpapier ausgelegte Kastenform drücken, etwa 5 Stunden im Kühlschrank fest werden lassen und in Scheiben schneiden. Durch das Trocknen im Kühlschrank werden die Riegel leichter schneid- und handhabbar.

In einem versiegelten Behältnis im Kühlschrank oder einzeln in Plastik verpackt im Tiefkühler aufbewahren.

Wegen der Fettsäuren werden die Riegel nicht ganz fest frieren und können deshalb direkt aus dem Tiefkühler gegessen werden.

Zur Abwechslung 80-100 g gekeimte Leinsamen, Kokosraspeln oder Sonnenblumenkerne auf die fertigen Riegel drücken.

Kokosnuss-Mango-Regenerationsmüsli

Kohlenhydrate aus Mango, Hafer, Datteln und Kokosnussnektar füllen geleerte Glycogenspeicher wieder auf; die essenziellen Fettsäuren aus den Leinsamen, Cashewkernen und Chiasamen optimieren den Fettstoffwechsel; und die hochwertigen, basenbildenden Proteine aus den Nüssen und Samen, der Mandelmilch sowie dem optionalen Vega-Sport-Performance-Proteinpulver hemmen Entzündungen und fördern die Proteinsynthese. Ergibt 5 Portionen.

 Glutenfrei 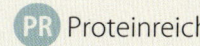 Proteinreich

Vorbereitungszeit: 5 Minuten

- ▶ Ofen auf 120 °C vorheizen.
- ▶ In einer mittelgroßen Schüssel Mangowürfel, Datteln, Haferflocken, Cashewkerne, Lein-, Chia-, Sesam- und Sonnenblumensamen, Kokosraspeln, Kakaonibs und Meersalz gründlich vermischen.
- ▶ In einer zweiten mittelgroßen Schüssel Kokosnussöl, Kokosnussnektar und Wasser verrühren.
- ▶ Flüssige Zutaten zu den trockenen geben, gut vermischen und gleichmäßig auf ein Backblech verteilen.
- ▶ Je nach gewünschter Knusprigkeit 50-65 Minuten backen und nach der halben Zeit einmal gut durchrühren. Auf dem Blech abkühlen lassen und vor dem Lagern in Stücke brechen.

Als entzündungshemmende Zutat frischen, fein gehackten Ingwer aufstreuen.

Mit frischen Apfelstücken servieren. Das in ihnen enthaltene Pektin fördert die Aufnahme von Mineralstoffen (Elektrolyten). Nach dem Workout ist dies besonders wichtig.

Das Müsli kann mit Mandelmilch (gekauft oder selbst gemacht, siehe Seite 43) oder Vega-Sport-Performance-Protein serviert werden.

Hält sich in einem offenen Behältnis im Kühlschrank bis zu 2 Wochen.

½ große Mango, geschält und gewürfelt

3 große Medjool-Datteln, entsteint und gewürfelt

75 g glutenfreie Haferflocken

75 g rohe Cashewkerne

55 g Leinsamen, gemahlen

90 g Chiasamen

65 g Sesamsamen, ungeschält

75 g Sonnenblumenkerne

2 EL ungesüßte Kokosraspel

2 EL Kakaonibs

¼ TL Meersalz

60 ml Kokosnussöl, geschmolzen

60 ml Kokosnussnektar

2 EL Wasser

„Keks mit Sahne"- Regenerationsdrink

Ideal für alle Sportlerinnen und Sportler, die Muskelmasse aufbauen, erschöpfte Muskeln stärken sowie Zellen vor Entzündungen und oxidativen Schäden schützen wollen. Im „Thrive Energy Lab" bei allen beliebt, die sich gerade im Kraftraum verausgabt haben.
Ergibt 1 Portion.

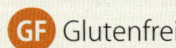 Glutenfrei   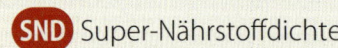 Super-Nährstoffdichte   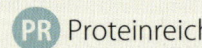 Proteinreich

Vorbereitungszeit: 2 Minuten
Sie brauchen: 1 Hochleistungsmixer

- 2 EL rohe Cashewkerne
- 2 EL vegane dunkle Schokoladenchips
- 1 EL Kakaonibs
- 1 EL rohes Cashewmus
- 1 EL Medjool-Datteln, entsteint und gehackt
- 1 Messbecher Vega-Sport-Performance-Protein, Vanillegeschmack
- 250 ml ungesüßte Mandelmilch (gekauft oder selbst gemacht, siehe Seite 43)
- 60 ml Agavennektar oder Ahornsirup (optional)
- Etwa 150 g Eiswürfel

▸ Alle Zutaten bis auf die Eiswürfel in einen Mixer geben. Eiswürfel etwa 2,5 cm hoch über der Flüssigkeit aufschichten und den Drink bei hoher Geschwindigkeit glatt und cremig pürieren.

Den optionalen Agavennektar empfehle ich, wenn Ihr Workout länger als 90 Minuten gedauert hat.

Apfel-Beeren-Regenerationsdrink

Am besten gleich nach einem langen oder intensiven Workout getrunken, beschleunigt dieser Drink die erneute Auffüllung der Glycogenspeicher. Außerdem schützt er vor der Oxidation der Zellen, hemmt Entzündungen, senkt den Cortisolspiegel, gleicht den Elektrolythaushalt wieder aus, stärkt die Immunfunktion und fördert die Proteinsynthese. Aufgrund all dieser Vorteile wird Ihr nächstes Workout noch effektiver verlaufen, so dass Sie sportlich schneller vorankommen und Ihre Leistung besser steigern können. Im „Thrive Energy Lab" ist dies der Lieblingsdrink vieler Radlerinnen und Radler, die auf dem Heimweg von einer langen Sonntagstour bei uns vorbeischauen.
Ergibt 1 Portion.

Vorbereitungszeit: 2-3 Minuten
Sie brauchen: 1 Hochleistungsmixer

▶ Alle Zutaten bis auf die Eiswürfel in einen Mixer geben. Eiswürfel etwa 2,5 cm hoch über der Flüssigkeit aufschichten und den Drink bei hoher Geschwindigkeit glatt und cremig pürieren.

Falls Sie gefrorenes Obst nehmen, weniger Eiswürfel verwenden.

4 EL frische oder gefrorene Blaubeeren

4 EL frische oder gefrorene Himbeeren

1 Messlöffel Vega-Apfel-Beeren-Regenerationspulver

125 ml Acaibeerensaft

125 ml Kokosnusswasser

1 Medjool-Dattel, entkernt

3 EL frischer Orangensaft

1 TL Gojibeeren

150 g Eiswürfel

Ernährungsplan für den Übergang

Frühstück: Cashew-Beeren-Ritter (Seite 69)

Snack: Schokosplitter-Vanille-Smoothie (Seite 199)

Mittagessen: Reuben-Sandwich (Seite 104)

Snack: Pekan-Riegel (Seite 239)

Abendessen: Burger mit Avocado, schwarzen Bohnen und Chipotle, dazu Suppe mit Süßkartoffeln und rotem Paprika (Seite 116 und 133)

Dessert: Schokoladen-Kakao-Muffins (Seite 242)

Ernährungsplan
für den Alltag

Vor dem Training: Acaibeeren-Energiedrink (Seite 268)

(für 30 bis 60 Minuten leichtes bis mäßiges Training – dauert es länger oder
ist es intensiver, siehe Ernährungsplan für Sportlerinnen und Sportler)

Nach dem Training: „Keks mit Sahne"-Regenerationsdrink (Seite 276)
oder Kokosnuss-Mango-Regenerationsmüsli

Mittagessen: Quinoa-Taboulé-Salat (Seite 155)

Snack: Grünkohl-Mojito (Seite 181)

Abendessen: Pad Thai Reis-Nudel-Schale mit Rohkost-Option (Seite 168)

Snack: Apfel und rohe Walnüsse

Ernährungsplan
für sportlich aktive Zeiten

Vor dem Training: Acaibeeren-Energiedrink (Seite 268)
oder Blaubeer-Kakao-Sportlermüsli (Seite 267)

(wenn das Training länger als 60 Minuten dauert und überdurchschnittlich intensiv ist)

Nach dem Training: Apfel-Beeren-Regenerationsdrink (Seite 279)

Mittagessen: Sandwich mit Avocado, Tomate und Salat (Seite 103)

Snack: Frisches Obst mit rohen Nüssen oder Samen

Abendessen: Avocado-Kelpnudelsalat (Seite 145)

Dessert: Himbeer-Granatapfel-Schokoladen-Tarte (Seite 248)

Snack: Grünkohl-Chips (Seite 79)

Danksagung

Charles Chang – Wenn ich etwas kann und es hat nichts mit schwimmen, Fahrrad fahren, laufen, essen oder schlafen zu tun, habe ich es von Charles gelernt. Als wir uns kennenlernten, war ich seit der Schulzeit bereits sieben Jahre lang im Ironman-Profibereich aktiv gewesen. Die Bandbreite meiner Fähigkeiten war folglich begrenzt. Allerdings hatte ich mir damals über die Jahre schon einen sehr wirksamen Shake ausgedacht, der sich für die Regeneration zwischen den Trainingseinheiten als sehr nützlich erwiesen hatte. Und Charles, der einige Jahre zuvor eine eigene Firma für Nahrungsergänzungsmittel gegründet hatte, zeigte Interesse. Wir wurden Freunde und schon nach kurzer Zeit schlug er mir vor, ich solle ein Buch über meine Philosophie der rein pflanzlichen Ernährung, die sich bei mir so gut bewährt hatte, schreiben und darüber Vorträge halten. Da ich bis dahin noch nie ein Wort zu Papier gebracht, geschweige denn das Wort an ein größeres Publikum gerichtet hatte, wertete ich diesen Vorschlag als Vertrauensbeweis. Offenbar glaubte er an den Wert meiner Botschaft und erkannte in mir ein gewisses Kommunikationstalent. Bald darauf schrieb ich tatsächlich mein erstes Buch, das zum ersten Band der **Vegan in Topform**-Reihe werden sollte. Wir wurden Partner und schufen gemeinsam die Vega-Produktlinie.

Andrea Magyar – Danke für die Weitsicht und für die Überzeugung, dass es tatsächlich sinnvoll sein könnte, ein veganes Buch für Nichtveganerinnen und -veganer zu schreiben. Danke für die Bereitschaft, es mit der Buchreihe zu probieren, und für die gute Zusammenarbeit, die stets ein echtes Vergnügen war.

Robert Mackwood – Danke für die von Anfang an so nützliche Hilfe bei der Navigation durch die Welt des Verlagswesens.

Jonnie Karan und sein Team vom „Thrive Energy Lab" in Waterloo, Ontario, Kanada, die diese Rezepte erst möglich gemacht haben:
Jonnie Karan – Begründer und Schöpfer der „Thrive Energy Lab"-Rezepte
Stephanie Spencer – Danke für das Entwickeln und Testen der Getränke
Rhianne Byron – Danke für das Entwickeln und Testen der Desserts
Vanessa Lekun – Danke für das Entwickeln und Testen der Hauptspeisen

Bezugsquellen

Die meisten der im Buch erwähnten Produkte wie Chia, Chlorella oder Maca sind in gängigen Naturkostläden erhältlich.

Sie können sie auch direkt über unseren Online-Shop www.unimedica.de in der Kategorie „Gesunde Ernährung" erhalten. Dort finden Sie ein großes Sortiment an Naturkostprodukten, u.a. auch seltene Produkte wie Sacha inchi. Auch die für die Rezepte notwendigen Küchengeräte sowie die Vega-Produkte von Brendan Brazier sind dort erhältlich.

Brendan Brazier hat seine eigene Superfood-Serie „Vegan in Topform" entwickelt. Auch diese Superfoods sind bei www.unimedica. de erhältlich.

Vega

Seit zehn Jahren ist die Vega-Linie mit ihren vielen nahrhaften Produkten kontinuierlich gewachsen. 2004 aus einem immer wieder optimierten Rezept aus meiner Teenagerzeit entstanden, ist Vega One der ideale Shake für die Regenerationsphase zwischen den Trainingseinheiten. Die heutige Vega-Linie umfasst Energie-Riegel sowie eine eigene „Vega Sport"-Linie, die speziell auf die Bedürfnisse von Sportlerinnen und Sportler zugeschnitten ist, die ihre Leistung gezielt steigern wollen. Alle Vega-Produkte sind rein pflanzlich, frei von allergenen Substanzen (Weizen, Hefe, Gluten, Mais, Soja und Kuhmilch) und natürlichen Ursprungs. In unserem „Thrive Energie Lab" kommen die Vega-Produkte exklusiv zum Einsatz.

www.myvega.com
www.vegasport.com
www.unimedica.de

Stichwortverzeichnis

Rezepteverzeichnis

Weitere Werke im Unimedica Verlag

Brendan Brazier

Vegan in Topform – Das Kochbuch
200 pflanzliche Rezepte für optimale Leistung und Gesundheit

440 Seiten, geb., € 29,-

Nach dem überragenden Erfolg des Klassikers *Vegan in Topform* erschien nun auch *Vegan in Topform* – Das Kochbuch. Der berühmte Ironman-Triathlet Brendan Brazier hat aufgrund seiner jahrelangen Erfahrung die vegane Ernährung revolutioniert und für Sportler und Höchstleistungen optimiert.

In seinem Werk zeigt der beliebte Sportler die Zusammenhänge zwischen Klimaschutz, tierischen und pflanzlichen Nährstoffen und benötigten Resourcen auf. Er belegt, dass ausgewogene pflanzliche Nahrung die beste Art von Gesundheitsvorsorge und nachhaltigem Umweltschutz ist.

Sein Kult-Kochbuch bietet 200 Rezepte für nährstoffreiche Gerichte, die leicht zuzubereiten sind und sich die Kraft von Superfoods wie Maca, Chia, Hanf und Chlorella zunutze machen. Dabei greift er nicht auf potentiell allergieauslösende Produkte wie Weizen, Hefe, Gluten, Soja und Mais zurück.

Mit Rezepten bekannter amerikanischer Küchenchefs wie Tal Ronnen und Matthew Kenney kamen so leckere Gerichte zustande wie Kürbis-Gnocchi, italienisches Gemüsepfännchen, scharfes Chili mit Bohnen, Quinoa-Falafel, gehaltvolles Schokoladen-Smoothie, coole Kokos-Orangen-Schnitten, indische Linsen-Hanfburger, Bananencremetorte, Sommer-Chefsalat, natürlich auch Braziers bekannte Energieriegel und -Gels und vieles andere mehr

Wenn Sie nachhaltige Energie wollen, dazu guten Schlaf, Kraft und einen klaren Kopf, um das anstrengende Leben heutzutage zu meistern, dann ist *Vegan in Topform – Das Kochbuch* genau das Richtige für Sie.

„Das Buch, das Ihr Leben wahrscheinlich mehr verändern wird als jedes andere, das Sie je lesen. Zur Maximierung von Fitness und Vitalität gibt es nichts, was *Vegan in Topform* gleichkommt."

Erik Marcus, Herausgeber von Vegan.com

Brendan Brazier

Vegan in Topform

Der vegane Ernährungsratgeber für Höchstleistungen in Sport und Alltag – Die Thrive-Diät des berühmten kanadischen Triathleten

352 Seiten, geb., € 26,-

Bereits im Alter von 15 Jahren entschied Brazier sich dazu Profisportler zu werden. Im Laufe seiner Karriere erforschte er minutiös, welche Ernährung seine Leistung und vor allem die Regenerationsphase optimierte. Das Ergebnis ist die legendäre Thrive-Diät. Sie richtet sich nicht nur an Profisportler, sondern an jeden, der optimale Gesundheit und Leistungsfähigkeit erlangen und Krankheiten vorbeugen möchte.

Brendan Brazier hat die vegane Ernährung revolutioniert und achtet dabei auf eine ausgewogene Kost mit ausreichend Proteinen und anderen Nährstoffen. Hier setzt er auch auf Superfood wie die Andenwurzel Maca, die legendäre Alge Chlorella oder das nahrhafte Hanfprotein.

Die Thrive-Diät führt zum Abbau von Körperfett und Aufbau von Muskelmasse, zu Leistungssteigerung, weniger Stress und Heißhunger auf Junkfood, geistiger Klarheit und besserem Schlaf.

Mit 100 veganen, gluten- und sojafreien Rezepten, von schnell zubereiteten Energieriegeln, Gele und Drinks über Suppen und Pizza bis zu leckeren Desserts. Mit einem praktischen 12-Wochen-Plan zum Einstieg in die Thrive-Diät.

Brendan Brazier

Vegan in Topform – Das Fitnessbuch

Das vegane Trainingsprogramm für maximlae Leistung und Gesundheit

272 Seiten, geb., € 24,-

Brendan Brazier, kanadischer Profi-Triathlet und Autor der Bestseller-Serie *Vegan in Topform*, ist einer der Pioniere der veganen Ernährung. An seinem eigenen Körper testete er über 25 Jahre die optimale Ernährung für sportliche Höchstleistungen aus und entwickelte die Thrive-Diät.

In seinem neuesten Werk zeigt er, wie man in kürzester Zeit mit der Thrive-Diät und ausgewählten Übungen gesund und fit wird und überragende Ergebnisse erzielen kann.

Sowohl für Anfänger als auch erfahrene Sportler ist dieses Buch ein unverzichtbares Werkzeug für den Aufbau einer kräftigen, effizienten Muskulatur und den gleichzeitigen Abbau von Körperfett. Brendans Methode verbessert darüber hinaus die Schlafqualität, beugt Erkrankungen vor, verhilft zu mehr Energie und geistiger Klarheit, verhindert Heißhungerattacken, verkürzt die Regenerationsphase und reduziert das Verletzungsrisiko.

Matthew Kenney

Plant Food
Innovative Rohkost-Gerichte von einem der besten Rohkost-Küchenchefs der Welt

160 Seiten, geb., € 19,80

Die kulinarischen Innovationen von Plant Food greifen auf ein Equipment zurück, das man nicht unbedingt mit Obst und Gemüse assoziieren würde, wie etwa Smoker Grills, und nutzen bekannte Geräte, wie Nahrungstrockner, um kreative Rohkostgerichte und -getränke mit unglaublichen Aromen, Texturen und Farben zu versehen.

Die Rezepte wurden methodisch gruppiert: gefunden, belassen, gesprossen, geschleudert, getrocknet, geräuchert, vakuumverpackt, eingelegt, gepresst, fermentiert, gereift, gesüßt und entsaftet. Die Resultate versetzen Sie in die Lage, schmackhafte Vorspeisen, Salate, Käse, Hauptgerichte, Desserts und Getränke herzustellen.

Matthew Kenney und sein Team stehen an der Spitze der Rohkost-Köche, die die kulinarische Landschaft sowohl aus künstlerischer als auch aus gesundheitlicher Perspektive umgestalten und dabei verlockende Speisen kreieren, die nicht nur nahrhaft sind, sondern auch köstlich schmecken. Mit den Rezepten aus diesem Kochbuch können auch Sie dieselben ansprechenden, gesunden und sättigenden Rohkostgerichte auf Ihren Tisch bringen. Genießen Sie es!

Angela Liddon

Oh She Glows – Das Kochbuch
Über 100 vegane Rezepte, die den Körper zum Strahlen bringen

350 Seiten, geb., € 29,-

Die Kanadierin Angela Liddon ist Autodidaktin in Sachen Kochen und Fotografie. Ihr kulinarisches Knowhow auf dem Gebiet der rein pflanzlichen Küche hat sie über viele Jahre hinweg bis ins Detail perfektioniert und dabei innovative und köstliche Rezepte entwickelt, die ihr eine treue Fangemeinde auf der ganzen Welt eingebracht haben.

Bevor sie mit ihrem Blog erfolgreich wurde, kämpfte Angela Liddon selbst mehr als zehn Jahre lang mit einer Essstörung – bis sie eines Tages beschloss, ihre Ernährung und somit auch ihr Leben von Grund auf und für immer zu ändern. Sie ersetzte die nährwertarmen und industriell verarbeiteten Lebensmittel, die sie bis dahin gegessen hatte, mit vollwertigem, nährstoffreichem Obst und Gemüse, Nüssen, Vollkorngetreide und anderen gesunden und natürlichen Nahrungsmitteln. Was ihr das brachte? Das erste Mal seit Jahren stand sie nicht mehr mit dem Essen auf Kriegsfuß, war plötzlich voller Energie und begann zu strahlen – von innen und von außen.

Angela Liddons lang erwartetes erstes Kochbuch verführt mit über 100 unwiderstehlichen und vollwertigen Rezepten und enthält sowohl umgewandelte Klassiker, die sogar Fleischfans lieben werden, als auch unglaublich frische und innovative Gerichte voller purem Geschmack.

Joel Fuhrman

EAT TO LIVE

Das wirkungsvolle, nährstoffreiche Programm für schnelles und nachhaltiges Abnehmen

432 Seiten, geb., € 24,80

EAT TO LIVE bietet eine höchst effiziente, wissenschaftlich nachgewiesene Methode, um schnell abzunehmen. Der Schlüssel zu Dr. Fuhrmans revolutionärem Sechswochenplan ist einfach: Gesundheit = Nährstoffe/Kalorien

Ist das Verhältnis von Nährstoffen zu Kalorien hoch, nimmt man ab. Je mehr nährstoffreiche Lebensmittel man isst, umso weniger Verlangen hat man nach Fett, Süßigkeiten und hochkalorischem Essen.

EAT TO LIVE beinhaltet auch inspirierende Erfolgsgeschichten von Menschen, die das Programm genutzt haben, um schockierende Mengen an Gewicht zu verlieren und von lebensbedrohlichen Krankheiten geheilt zu werden. Aktuelle Forschungsergebnisse stützen Dr. Fuhrmans Konzept. Mit EAT TO LIVE werden Sie mehr Gewicht verlieren können, als Sie je für möglich gehalten hätten – und das dauerhaft, garantiert Dr. Fuhrman. Der Plan ist so flexibel, dass man essen kann, ohne das Gefühl zu haben, dass etwas fehlt.

Eric und Jessica Childs

Kombucha!

Der natürliche Energydrink, der vitalisiert, heilt und entgiftet

216 Seiten, kart., € 19,80

Der komplette Kombucha-Ratgeber mit allen wichtigen Hintergrundinformationen zu dem beliebten probiotischen Tee.

Kombucha wird schon lange von Therapeuten, Spitzensportlern, Yogis und anderen Gesundheitsexperten für seine beeindruckenden gesundheitsfördernden Kräfte gepriesen. Jetzt erobert er auch den Rest der Welt. Kombucha, ein fermentiertes Getränk auf Teebasis, wirkt vitalisierend, heilend und entgiftend.

Eric und Jessica Childs, Gründer von Kombucha Brooklyn und erfahrene Kombucha-Experten, teilen in diesem umfassenden Ratgeber ihr wertvolles Wissen. Dabei gehen sie nicht nur auf den wissenschaftlichen und kulturellen Hintergrund des so gesunden wie schmackhaften Getränks ein, sondern zeigen auch anhand von 50 leckeren Rezepten die kulinarische Seite von Kombucha – vom schmackhaften Kombucha-Brot über Wraps und Superfood-Smoothies bis zu spritzigen Cocktails. Auch als Verjüngungskur in selbst hergestellten Kosmetika kommt er zum Einsatz. Ein Buch, das inspiriert – man kann kaum warten, den ersten Kombucha selbst zu brauen und zu kosten.

Rich Roll & Julie Piatt

Das Plantpower Kochbuch
Rezepte und Tipps zur veganen Lebensweise für die ganze Familie

340 Seiten, geb., € 34,-

Ein Familienkochbuch über die Kraft der veganen Ernährung – mit 120 Rezepten vom berühmten veganen Ultraman Athleten Rich Roll und seiner Frau Julie Piatt.

Ein Buch voller Inspirationen und praktischen Anleitungen für mehr Lebensfreude und blühende Gesundheit. Die Rezepte sind einfach in der Herstellung – vom herzhaftem Frühstück über schmackhafte Hauptgerichte und ungewöhnliche Desserts bis zu gesunden Smoothies und Säften. Das Buch geht jedoch noch weit über Rezepte hinaus und gibt Impulse, wie eine moderne Familie heute eine vegane Lebensweise umsetzen kann – mit köstlichem Essen und einfachem, nachhaltigem Leben.

Rich Roll

Finding Ultra
Wie ich meine Midlifekrise überwand und einer der fittesten Männer der Welt wurde

384 Seiten, geb., € 16,80

Finding Ultra ist Rich Rolls unglaublicher Bericht, wie er mit 40 Jahren von einem unsportlichen, übergewichtigen Durchschnittsamerikaner zu einem der weltweit besten Ausdauerathleten wurde.

Zuvor bestand Rich Rolls Alltag aus Arbeit, Stress, Junk Food und TV-Abenden auf dem Sofa. Fast 25 Kilo Übergewicht und seine schlechte Kondition führten dazu, dass er kaum Treppen steigen konnte.

An seinem 40. Geburtstag beschloss er, sein Leben komplett zu ändern. Er wechselte zu einer veganen Lebensweise und fing an, ein äußerst intensives Trainingsprogramm zu absolvieren. Wenige Monate später wurde er von Men's Fitness zu einem der 25 fittesten Männer der Welt gewählt.

Durch seine radikale Lebensumstellung konnte er unmöglich scheinende Leistungen erbringen, wie die Teilnahme am Ultraman World Championship, bei dem sich die fittesten Menschen der Welt bei einem 515-Kilometer-Martyrium in den Disziplinen Schwimmen, Radfahren und Laufen miteinander messen. Und im Anschluss an diese Bewährungsprobe meisterte er eine noch größere: den Epic5 – fünf Triathlonwettkämpfe hintereinander.

Doch Finding Ultra ist viel mehr als ein packender Blick auf atemberaubende athletische Leistungen. Rich Rolls erstaunliche körperliche und geistige Verwandlung beweist, dass in jedem das Potential steckt, ultra-fit zu werden.

Mark Reinfeld

Europa isst vegan

150 vegane Spezialitäten aus Italien, Frankreich, Spanien, Irland & Co

352 Seiten, geb., € 24,-

Sie sind auf der Suche nach einer ebenso feinen wie gesunden Küche, die auch noch zu Ihrer betriebsamen Lebensweise passt? Sie lieben die kräftigen Aromen der italienischen, französischen, spanischen oder griechischen Speisen, konnten aber noch keine tierproduktfreien Rezepte finden? Ihre Suche hat ein Ende! Im Geschmack Europas geben sich joie de vivre und dolce vita ein Stelldichein, um selbst die anspruchsvollsten Gaumen zu befriedigen. Der preisgekrönte Autor und Chefkoch Mark Reinfeld zaubert aus der fleischhaltigen europäischen Hausmannskost inspirierte vegane Gerichte, von Manicotti bis zur Französischen Zwiebelsuppe, von Musaka bis zur „Veganen Bratwurst". Mit Empfehlungen zu den wichtigsten Vorräten (u.a. einem Extrakapitel über Küchenkräuter), zu Rohkost und glutenfreier Ernährung (nahezu alle Rezepte sind glutenfrei) sowie zu den passenden Weinen und Bieren wird Der Geschmack Europas zu einem revolutionären Kochbuch, mit dem Sie all Ihre Lieblingsklassiker der europäischen Küche in nicht mehr als 30 Minuten nachkochen können.

Fran Costigan

Vegane Schokolade

Unvergleichlich köstliche und verführerische milchfreie Desserts.

316 Seiten, geb., € 24,-

Cremig, verführerisch, schokoladig und – vegan? Endlich sind göttliche Schokoladenkuchen, saftige Brownies, raffinierte Trüffel, köstliche Puddings, zartschmelzende Eiscremes und viele weitere unwiderstehliche Versuchungen nur noch ein Rezept weit entfernt. Dieses Buch wird zum kostbaren Schatz aller leidenschaftlichen Schokoladenund Dessertfans werden.

Fran Costigan, die Königin der veganen Desserts, ist die wohl bekannteste vegane Konditormeisterin. Sie ist Perfektionistin und hat über 20 Jahre in ihrer New Yorker Lehrküche damit verbracht, Rezepte solange zu verfeinern, bis es vegane Meisterwerke wurden. Ergebnis ist dieses Werk, was in seiner Art einzigartig ist. Nach ihrer Erfahrung ist vegane Schokolade noch unverfälschter und intensiver im Geschmack – ganz ohne Milchprodukte, Eier oder weißen Zucker.

120 himmlische und rein vegane Schokoladen-Desserts, die schon beim bloßen Gedanken das Wasser im Mund
zusammenlaufen lassen, verführen zum Nachkochen und gelingen dank Fran Costigans detaillierten Anweisungen immer perfekt.